COMPREHENSIVE TRAINING OF

企业所得税

年度纳税申报综合实训

裴淑红　靳姗姗　杨金玉　武献杰 · 编著

CORPORATE INCOME TAX ANNUAL TAX RETURN

中国市场出版社
China Market Press
· 北 京 ·

图书在版编目（CIP）数据

企业所得税年度纳税申报综合实训/裴淑红等编著. —北京：中国市场出版社，2019.8
ISBN 978-7-5092-1839-6

Ⅰ. ①企… Ⅱ. ①裴… Ⅲ. ①企业所得税-税收管理-中国-高等学校-教材 Ⅳ. ①F812.424

中国版本图书馆 CIP 数据核字（2019）第 095780 号

企业所得税年度纳税申报综合实训
QIYE SUODESHUI NIANDU NASHUI SHENBAO ZONGHE SHIXUN

编　　著　裴淑红　靳姗姗　杨金玉　武献杰
出版发行　中国市场出版社 China Market Press
社　　址　北京月坛北小街 2 号院 3 号楼　　邮政编码　100837
电　　话　编 辑 部（010）68032104　读者服务部（010）68022950
　　　　　发 行 部（010）68021338　68020340　68053489
　　　　　　　　　　　68024335　68033577　68033539
　　　　　总 编 室（010）68020336
　　　　　盗版举报（010）68020336
经　　销　新华书店
印　　刷　河北鑫兆源印刷有限公司
规　　格　185 mm×260 mm　16 开本　　版　　次　2019 年 8 月第 1 版
印　　张　12.25　　印　　次　2019 年 8 月第 1 次印刷
字　　数　257 000　　定　　价　36.00 元
书　　号　ISBN 978-7-5092-1839-6

前 言

Comprehensive Training of Corporate Income Tax Annual Tax Return

2017 年底，国家税务总局发布了《中华人民共和国企业所得税年度纳税申报表（A 类，2017 年版)》及其明细表，2018 年底对 2017 年版企业所得税年度纳税申报表进行了完善修订，形成了 2018 年版企业所得税年度纳税申报表。2018 年版企业所得税年度纳税申报表及其明细表能够综合反映各类企业的企业所得税年度纳税申报情况。纳税申报表非常复杂，有些报表很难理解。为帮助读者理解企业所得税年度纳税申报表及其明细表的填列，我们编写了这本《企业所得税年度纳税申报综合实训》，希望通过实训操作，使本书更加贴近实务。

本书内容分为两个单元：

第一单元，企业所得税年度纳税申报实例操作，具体包括 3 个模块：模块 1，企业所得税年度纳税申报案例资料；模块 2，企业所得税年度纳税申报表的填列解析；模块 3，企业所得税年度纳税申报表的填列。

第二单元，企业所得税年度纳税申报综合实训，具体包括 3 个模块：模块 1，《企业所得税年度纳税申报综合实训》实训指导；模块 2，《企业所得税年度纳税申报综合实训》实训资料；模块 3，《企业所得税年度纳税申报综合实训》实训操作。

本书体例新颖独特，案例资料典型、实用，讲析清楚翔实，实训资料力求贴近实际，为税法理论与实务教学提供企业所得税年度纳税申报案例操作范本和综合实训资料，也为企业税务及会计人员解决了许多纳税实务中的疑难问题，具有一定的示范作用，可作为普通高校、职业教育、成人教育等各类本专科企业所得税年度纳税申报综合实训教材，还可作为企业税务及会计人员有益的工作参考书，还可作为财经系统职工培训和自学用书。

需要说明的是，为贴近实际，本书在模拟纳税人申报纳税时虚构了纳税人社会统一代码、身份证号码、银行账号等纳税人信息，如与相关信息雷同，纯属巧合，敬请谅解。

本书由裴淑红（独立完成7.7万字的编著工作）、靳姗姗（独立完成6万字的编著工作）、杨金玉（独立完成6万字的编著工作）、武献杰（中国财政杂志社，独立完成6万字的编著工作）共同编著完成。

在本书编写过程中，我们参考了注册会计师全国统一考试辅导教材《税法》的部分内容，并借鉴、吸收了国内外税法理论研究、实务操作和教学的优秀成果，在此谨向相关作者深表感谢。

我们细心著书，但疏漏之处在所难免，诚望广大读者及学界同仁批评指正。

裴淑红

2019年7月于北京

目 录

Comprehensive Training of Corporate Income Tax Annual Tax Return

第一单元　企业所得税年度纳税申报实例操作

第二单元　企业所得税年度纳税申报综合实训

Comprehensive Training of

Corporate Income Tax

Annual Tax Return

第一单元

企业所得税年度纳税申报实例操作

《中华人民共和国企业所得税年度纳税申报表（A 类，2018 年版）》根据《国家税务总局关于〈中华人民共和国企业所得税年度纳税申报表（A 类，2017 年版）〉的公告》（国家税务总局公告 2017 年第 54 号）和《国家税务总局关于修订〈中华人民共和国企业所得税年度纳税申报表（A 类，2017 年版）〉部分表单样式及填报说明的公告》（国家税务总局公告 2018 年第 57 号）整合完成。

北京奥萨弗莱德有限公司 2018 年度企业所得税年度纳税申报实例操作分为 3 个模块：

模块 1，企业所得税年度纳税申报案例资料；

模块 2，企业所得税年度纳税申报表的填列解析；

模块 3，企业所得税年度纳税申报表的填列。

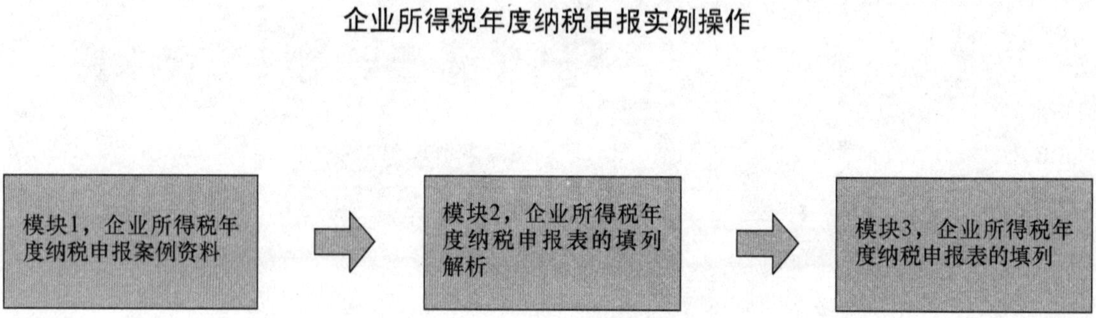

图 1　企业所得税年度纳税申报实例操作模块图

模块 1

企业所得税年度纳税申报案例资料

一、公司基本信息

北京奥萨弗莱德有限公司系中资企业，所在地为中国北京，注册资本 2 159.343 3 万元，法定代表人李鸿轩，企业类型为有限责任公司（非上市、自然人投资或控股），统一社会信用代码为 91110102766615459F，主营食品生产专用设备制造，所属国民经济行业代码为 C3521。

公司资产总额（全年季度平均值）9 512.53 万元，拥有企业从业人数（全年季度平均人数）326 人。

开户行为中国建设银行清河支行，银行账号 01091060100120105011231。

公司有 5 位股东，具体如下：（1）李鸿轩，身份证号：110102197210055526，持股比例：36%；（2）李裴莹，身份证号：110108197803175462，持股比例：23%；（3）李晓晓，身份证号：110105197606362351，持股比例：21%；（4）王大茂，身份证号：110103197506316682，持股比例：10%；（5）秦雨杜，身份证号：110108196208203839，持股比例：10%。

公司设有财务处，财务负责人为李晓晓，税务会计李裴莹负责报税。

二、公司适用的法律法规

公司会计核算采用企业会计准则，采用一般企业财务报表格式（2018 年版）。公司记账本位币为人民币元（列至角分）。

公司根据《中华人民共和国企业所得税法》及相关法律法规的有关规定申报缴纳企业所得税，企业所得税税率 25%，公司企业所得税按年计算，分季预缴，纳税年度终了之日起 5 个月内汇算清缴，2018 年企业所得税在 2019 年 5 月 16 日汇算清缴完成。

三、相关会计信息资料

经过分析研究公司会计资料，获知公司 2018 年 1 月 1 日至 2018 年 12 月 31 日的相关会计信息如下。

（一）营业收入项目

营业收入 81 126 413 元，包括：

（1）主营业务收入即销售商品收入 79 666 415 元。

（2）其他业务收入 1 459 998 元，其中：销售材料收入 1 018 378 元；出租固定资产收入 120 000 元（2018 年初与 C 公司签订了一份固定资产租赁合同，出租部分生产用机器设备，租期 3 年，每年租金收入 120 000 元，C 公司 2018 年一次性支付租金 360 000 元，对跨期收取的固定资产租金按权责发生制每年确认收入 120 000 元）；出租包装物收入 68 370 元；提供运输劳务收入 253 250 元。

（二）营业成本项目

营业成本 48 657 852 元，包括：

（1）主营业务成本即销售商品成本 47 647 763 元。

（2）其他业务成本 1 010 089 元，其中：销售材料成本 726 866 元；出租固定资产折旧等成本 80 000 元；包装物出租成本 51 273 元；提供运输劳务成本 151 950 元。

（三）税金及附加项目

税金及附加 1 298 033 元。

（四）销售费用项目

销售费用 15 027 515 元，包括：

（1）销售人员职工薪酬 2 986 497 元，其中工资 1 878 300 元，按销售人员工资和规定的比例计提的职工福利费 37 566 元、职工教育经费 187 830 元、工会经费 37 566 元、社会保险费 619 839 元和住房公积金 225 396 元。

（2）产品广告费 11 817 568 元，广告费和业务宣传费支出以前年度累计结转扣除额 112 622 元。

（3）销售用固定资产折旧费 152 000 元。

（4）展览费 71 450 元。

（五）管理费用项目

管理费用 9 871 958 元，包括：

（1）行政管理人员职工薪酬 5 972 040 元，其中工资 3 756 000 元，按行政管理人员工资和规定的比例计提的职工福利费 75 120 元、职工教育经费 375 600 元、工会经费 75 120 元、社会保险费 1 239 480 元和住房公积金 450 720 元。

（2）咨询顾问费 315 000 元。

（3）业务招待费 802 525 元。

（4）管理用固定资产折旧费 708 000 元。

（5）办公费 205 060 元。

（6）董事会费 600 000 元。

（7）诉讼费 365 000 元。

(8) 差旅费 384 033 元。

(9) 保险费 110 000 元。

(10) 党组织工作经费 156 000 元。

(11) 交通费 122 300 元。

(12) 商标权摊销额 60 000 元。

(13) 奖励职工自产产品 72 000 元（该产品成本 72 000 元，市场价格 120 000 元，已按增值税法视同销售的有关规定核算并缴纳了增值税等流转税税款）。

(六) 财务费用项目

财务费用 770 000 元，包括：

(1) 年初向工商银行借款 10 000 000 元，用于生产经营，年利率为 6%，支付利息 600 000 元。

(2) 年初向恒通贸易公司借款 2 000 000 元，用于生产经营，年利率为 8%，支付利息 160 000 元。

(3) 另支付逾期归还银行贷款的罚息 10 000 元。

(七) 资产减值损失项目

资产减值损失 121 666 元，包括：

(1) 坏账损失 101 666 元。

(2) 无形资产减值损失 20 000 元。

(八) 公允价值变动收益项目

公允价值变动收益即交易性金融资产公允价值变动收益 30 000 元。

(九) 投资收益项目

投资收益 925 000 元，包括：

(1) 交易性金融资产投资成本 40 000 元，处置收入 55 000 元，处置股票投资收益 15 000 元。

(2) 国债利息收入 6 000 元，金融债券利息收入 4 000 元。

(3) 长期股权投资境内投资收益 600 000 元，境外投资收益 300 000 元。

(十) 营业外收入项目

营业外收入即确实无法偿付的应付款项 110 600 元。

（十一）营业外支出项目

营业外支出 555 600 元，包括：

（1）通过民政局向贫困山区捐款 150 000 元，通过希望工程基金会向贵州某农村希望小学捐款 200 000 元。

（2）赞助费 100 000 元。

（3）缴纳税收罚款 45 600 元。

（4）支付另一企业合同违约金 60 000 元。

（十二）交易性金融资产项目

交易性金融资产，期末投资成本 350 000 元，公允价值变动 30 000 元。

（十三）应收票据及应收账款项目

应收票据及应收账款，年初余额 12 625 600 元，年末余额 14 658 920 元。

本纳税人采用备抵法按应收票据及应收账款借方余额百分比计提坏账准备，企业估计坏账的计提比例为 5%。年初坏账准备账户余额 631 280 元，年末坏账准备账户余额 732 946 元，本年增提坏账准备 101 666 元。

（十四）存货项目

存货项目中的库存商品，有一批自产产品用于市场推广，会计上既未确认收入，也未转结成本，该批产品成本 108 000 元，市场价格 180 000 元，已按增值税法视同销售的有关规定核算并缴纳了增值税等流转税税款。

（十五）长期股权投资项目

长期股权投资包括：

（1）2016 年 1 月 10 日对北京 A 居民企业（统一社会信用代码为 91110103158615459L）直接投资 5 000 000 元，占被投资企业所有者权益的比例为 60%；从 A 企业分回税后利润 600 000 元（A 企业所得税税率为 25%，2018 年 5 月 12 日 A 企业做出 1 000 000 元的税后利润分配方案）。

（2）对甲国 B 企业直接投资 3 000 000 元，占被投资企业所有者权益的比例为 55%，从 B 企业分回税后利润 300 000 元，其所得税税率为 40%。

（十六）固定资产项目

固定资产包括：

（1）厂房原值 20 000 000 元，房屋建筑物采用直线法计提折旧，折旧年限 20 年，厂房当年折旧额 1 000 000 元，累计折旧额 4 000 000 元。

（2）办公楼原值 14 600 000 元，其中：销售部门用房原值 2 600 000 元，行政管理部门用房原值 12 000 000 元；房屋建筑物采用直线法计提折旧，折旧年限 20 年；办公楼当年折旧额 730 000 元，其中：销售部门用办公楼当年折旧额 130 000 元，行政管理部门用办公楼当年折旧额 600 000 元；办公楼累计折旧额 2 920 000 元，其中：销售部门用办公楼累计折旧额 520 000 元，行政管理部门用办公楼累计折旧额 2 400 000 元。

（3）生产用机器设备原值 6 800 000 元，机器设备采用直线法计提折旧，折旧年限 10 年，当年折旧额 680 000 元，累计折旧额 2 720 000 元。

（4）汽车运输工具原值 800 000 元，其中：生产部门用汽车原值 100 000 元，销售部门用汽车原值 100 000 元，行政管理部门用汽车原值 600 000 元；运输工具采用直线法计提折旧，折旧年限 10 年；当年折旧额 80 000 元，其中：生产部门用汽车当年折旧额 10 000 元，销售部门用汽车当年折旧额 10 000 元，行政管理部门用汽车当年折旧额 60 000 元；累计折旧额 320 000 元，其中：生产部门用汽车累计折旧额 40 000 元，销售部门用汽车累计折旧额 40 000 元，行政管理部门用汽车累计折旧额 240 000 元。

（5）电子设备 600 000 元，其中：生产部门用电子设备原值 300 000 元，销售部门用电子设备原值 60 000 元，行政管理部门用电子设备原值 240 000 元；电子设备采用直线法计提折旧，折旧年限 5 年；电子设备当年折旧额 120 000 元，其中：生产部门用电子设备当年折旧额 60 000 元，销售部门用电子设备当年折旧额 12 000 元，行政管理部门用电子设备当年折旧额 48 000 元；电子设备累计折旧额 480 000 元，其中：生产部门用电子设备累计折旧额 240 000 元，销售部门用电子设备累计折旧额 48 000 元，行政管理部门用电子设备累计折旧额 192 000 元。

（6）税法规定上述固定资产均采用直线法计提折旧，会计上固定资产折旧年限符合税法规定。

（十七）无形资产项目

无形资产包括：

（1）生产用专利权原值 2 000 000 元，采用直线法进行摊销，摊销年限 10 年，专利权当年摊销额 200 000 元，累计摊销额 800 000 元；专利权当年计提无形资产减值准备 20 000 元。

（2）商标权原值 600 000 元，采用直线法进行摊销，摊销年限 10 年，商标权当年摊销额 60 000 元，累计摊销额 240 000 元。

（3）非专利技术为研究开发活动形成的生产用无形资产，其原值 3 000 000 元，非专利技术采用直线法进行摊销，摊销年限 10 年，非专利技术当年摊销额 300 000 元，累计摊销额 900 000 元。

（4）税法规定上述无形资产均采用直线法进行摊销，会计上无形资产摊销年限符合税法规定，研究开发形成的非专利技术按 175％进行摊销。

（十八）职工薪酬项目

计入成本费用的职工薪酬为 29 997 417 元，实际发生职工薪酬 29 894 255 元，包括：

（1）工资薪金总额 18 866 300 元全部为合理的工资薪金，且已全额发放。

（2）按工资薪金总额的 2％计提的职工福利费为 377 326 元，实际发生职工福利费 333 000 元。

（3）按工资薪金总额的 10％计提的职工教育经费为 1 886 630 元，实际发生职工教育经费 1 826 300 元。

（4）按工资薪金总额的 2％计提的工会经费为 377 326 元，实际发生工会经费 378 820 元。

（5）按工资薪金总额的 33％计提的各类基本社会保障性缴款为 6 225 879 元，已全额缴纳。

（6）按工资薪金总额的 12％计提的住房公积金为 2 263 956 元，已全额缴纳。

（十九）弥补亏损情况

弥补亏损情况如下：

（1）2015 年发生亏损 808 866.10 元。

（2）在 2016 年已弥补亏损 253 906.20 元。

（3）在 2017 年已弥补亏损 352 950.60 元。

（4）截至 2018 年尚未弥补的以前年度亏损为 202 009.30 元。

（二十）预缴税款情况

本年度累计已预缴企业所得税 501 240 元。

（二十一）利润分配情况

公司按 2018 年度净利润的 10％提取法定盈余公积，按 2018 年度净利润的 30％分配红利。

模块 2

企业所得税年度纳税申报表的填列解析

根据上述资料，北京奥萨弗莱德有限公司计算填列2018年度企业所得税年度纳税申报表（A类）及其明细表的分析计算过程如下。

一、填写企业所得税年度纳税申报表封面

根据《中华人民共和国企业所得税年度纳税申报表（A类，2018年版）》封面填报说明，填写《中华人民共和国企业所得税年度纳税申报表封面》（A类，2018年版）如下：

税款所属期间：2018年01月01日 至2018年12月31日

纳税人识别号（统一社会信用代码）：91110102766615459F

纳税人名称：北京奥萨弗莱德有限公司

谨声明：本纳税申报表是根据国家税收法律法规及相关规定填报的，是真实的、可靠的、完整的。

纳税人（签章）：北京奥萨弗莱德有限公司，2019年05月16日

经办人：李裴莹

经办人身份证号：110108197803175462

二、填写企业所得税年度纳税申报表填报表单

《企业所得税年度纳税申报表填报表单》列示申报表全部表单名称及编号。纳税人在填报申报表之前，请仔细阅读这些表单的填报信息，并根据企业的涉税业务，选择“是否填报”。选择“填报”的，在“□”内打“√”，并完成该表单内容的填报。未选择“填报”的表单，无须向税务机关报送。

根据《企业所得税年度纳税申报表填报表单》填报说明，公司根据实际情况选择需要填报的表单，填写《企业所得税年度纳税申报表填报表单》。

三、填写企业所得税年度纳税申报基础信息表

根据表A000000《企业所得税年度纳税申报基础信息表》填报说明，公司根据实际情况选择需要填报的表单，填写《企业所得税年度纳税申报基础信息表》。

当年分配的红利权益性投资收益金额＝净利润×利润分配比例＝(利润总额－实际应纳所得税额)×利润分配比例＝(5 889 389－1 492 517.16)×30%＝4 396 871.84×30%＝1 319 061.55（元）。

李鸿轩当年分得的红利权益性投资收益金额＝当年分配的红利权益性投资收益金额×持股比例＝1 319 061.55×36%＝474 862.16（元）。

李裴莹当年分得的红利权益性投资收益金额＝1 319 061.55×23%＝303 384.16（元）。

李晓晓当年分得的红利权益性投资收益金额＝1 319 061.55×21%＝277 002.93（元）。

王大茂当年分得的红利权益性投资收益金额＝1 319 061.55×10%＝131 906.16（元）。

秦雨柱当年分得的红利权益性投资收益金额＝当年分配的红利权益性投资收益金额－其他股东当年分得的红利权益性投资收益金额＝1 319 061.55－474 862.16－303 384.16－277 002.93－131 906.16＝131 906.14（元）。

四、填写企业所得税年度纳税申报表（A类）及其明细表

根据表A100000《中华人民共和国企业所得税年度纳税申报表（A类）》及其明细表的填报说明，本纳税人结合公司实际情况选择需要填报的表单，填写表A100000《中华人民共和国企业所得税年度纳税申报表（A类）》及其明细表的分析计算过程如下（说明：以下在标题小括号中的数字为表A100000中的对应行号，如填写表A101010是指填写对应的纳税明细表A101010）。

（一）利润总额计算

1. 营业收入（填写表A101010）：

（1）主营业务收入＝销售商品收入＝79 666 415元。

（2）其他业务收入＝销售材料收入＋出租固定资产收入＋出租包装物收入＋其他＝1 018 378＋120 000＋68 370＋253 250＝1 459 998（元）。

（3）营业收入＝主营业务收入＋其他业务收入＝79 666 415＋1 459 998＝81 126 413（元）。

2. 营业成本（填写表A102010）：

（1）主营业务成本＝销售商品成本＝47 647 763元。

（2）其他业务成本＝销售材料成本＋出租固定资产成本＋包装物出租成本＋其他＝726 866＋80 000＋ 51 273＋151 950＝1 010 089（元）。

（3）营业成本＝主营业务成本＋其他业务成本＝47 647 763＋1 010 089＝48 657 852（元）。

3. 税金及附加：

税金及附加＝1 298 033元。

4. 销售费用（填写表A104000）：

（1）销售人员职工薪酬＝2 986 497元。

（2）广告费和业务宣传费＝11 817 568元。

（3）销售用固定资产折旧费＝152 000元。

（4）其他＝展览费＝71 450元。

（5）销售费用合计＝15 027 515 元。

5. 管理费用（填写表 A104000）：

（1）行政管理人员职工薪酬＝5 972 040 元。

（2）咨询顾问费＝315 000 元。

（3）业务招待费＝802 525 元。

（4）管理用固定资产折旧费＝708 000 元。

（5）办公费＝205 060 元。

（6）董事会费＝600 000 元。

（7）诉讼费＝365 000 元。

（8）差旅费＝384 033 元。

（9）保险费＝110 000 元。

（10）党组织工作经费＝156 000 元。

（11）其他＝交通费＋商标权摊销额＋职工奖励费＝122 300＋60 000＋72 000＝254 300（元）。

（12）管理费用合计＝9 871 958（元）。

6. 财务费用（填写表 A104000）：

（1）利息支出＝600 000＋160 000＋10 000＝ 770 000（元）。

（2）财务费用合计＝770 000 元。

7. 资产减值损失：

资产减值损失＝坏账损失＋无形资产减值损失＝101 666＋20 000＝121 666（元）。

8. 公允价值变动收益：

公允价值变动收益＝30 000 元。

9. 投资收益：

投资收益＝交易性金融资产处置投资收益＋债权投资（国债、金融债券）投资收益＋长期股权投资境内、境外投资收益＝(55 000－40 000)＋(6 000＋4 000)＋(600 000＋300 000)＝15 000＋10 000＋900 000＝925 000（元）。

10. 营业利润（1－2－3－4－5－6－7＋8＋9）：

营业利润＝营业收入－营业成本－税金及附加－销售费用－管理费用－财务费用－资产减值损失＋公允价值变动收益＋投资收益＝81 126 413－48 657 852－1 298 033－15 027 515－9 871 958－770 000－121 666＋30 000＋925 000＝6 334 389（元）。

11. 营业外收入（填写表 A101010）：

营业外收入＝确实无法偿付的应付款项＝1 106 00 元。

12. 营业外支出（填写表 A102010）：

（1）捐赠支出＝全额扣除的公益性捐赠＋限额扣除的公益性捐赠＝200 000＋150 000＝

350 000（元）。

（2）赞助支出＝100 000 元。

（3）罚没支出＝税收罚款＝45 600 元。

（4）其他＝合同违约金＝60 000 元。

（5）营业外支出＝捐赠支出＋赞助支出＋罚没支出＋其他＝350 000＋100 000＋45 600＋60 000＝555 600（元）。

13. 利润总额（10＋11－12）：

利润总额＝营业利润＋营业外收入－营业外支出＝6 334 389＋110 600－555 600＝5 889 389（元）。

（二）应纳税所得额计算

1. 境外所得（填写表 A108010）：

境外所得＝境外税前所得＝300 000÷(1－40%)＝500 000(元)。

2. 纳税调整增加额（填写表 A105000）：

（1）视同销售收入纳税调增金额（填写表 A105010）。

①用于市场推广或销售视同销售收入纳税调增金额＝180 000 元。

②用于职工奖励或福利视同销售收入纳税调增金额＝120 000 元。

③视同销售收入纳税调增金额＝用于市场推广或销售视同销售收入纳税调增金额＋用于职工奖励或福利视同销售收入纳税调增金额＝180 000＋120 000＝300 000（元）。

（2）未按权责发生制原则确认的收入纳税调增金额（填写表 A105020）。

①租赁合同租金金额（交易金额）＝360 000 元。

②2018 年度租金账载金额＝会计处理按照权责发生制确认的收入＝120 000 元。

③2018 年度租金税收金额＝税收规定未按权责发生制确认收入的项目的合同总额或交易总额＝360 000 元。

④2018 年度租金纳税调增金额＝2018 年度租金税收金额－2018 年度租金账载金额＝360 000－120 000＝240 000（元）。

⑤未按权责发生制原则确认的收入纳税调增金额＝跨期收取的租金纳税调增金额＝2018 年度租金纳税调增金额＝240 000 元。

（3）投资收益纳税调增金额（填写表 A105030）。

①交易性金融资产投资收益纳税调增金额＝处置收益纳税调增金额＝(55 000－40 000)－(55 000－40 000)＝15 000－15 000＝0（元）。

②债权投资投资收益纳税调增金额＝持有收益纳税调增金额＝(6 000＋4 000)－(6 000＋4 000)＝1 0000－10 000＝0（元）。

③长期股权投资投资收益纳税调增金额＝持有收益纳税调增金额＝[600 000÷(1－

25%)+300 000÷(1−40%)]−(600 000+300 000)=[800 000+500 000]−(600 000+300 000)=1 300 000−900 000=400 000（元）。

④投资收益纳税调增金额=交易性金融资产投资收益纳税调增金额+债券投资投资收益纳税调增金额+长期股权投资投资收益纳税调增金额=0+0+400 000=400 000（元），或者=投资收益税收金额−投资收益账载金额=(1 310 000+15 000)−(910 000+15 000)=1 325 000−925 000=400 000（元）。

（4）职工薪酬纳税调增金额（填写表 A105050）。

①计入成本费用的工资薪金总额 18 866 300 元全部为合理的工资薪金且已全额发放，准予税前扣除，则工资薪金支出 18 866 300 元不做纳税调整，即工资薪金支出纳税调增金额=0 元。

②实际发生的职工福利费 333 000 元低于计提的即计入成本费用的职工福利费 377 326 元，低于税法规定的职工福利费支出扣除标准 2 641 282 元（工资薪金支出 18 866 300 元×税法规定的职工福利费提取比例 14%），准予据实扣除 333 000 元，则职工福利费支出纳税调增金额=377 326−333 000=44 326（元）。

③实际发生的职工教育经费 1 826 300 元低于计提的即计入成本费用的职工教育经费 1 886 630 元，但均超过税法规定的职工教育经费支出扣除标准 1 509 304 元（工资薪金支出 18 866 300 元×税法规定的职工教育经费提取比例 8%），准予按标准扣除 1 509 304 元，则职工教育经费支出本年度纳税调增金额=1 886 630−1 509 304=377 326（元），超标的职工教育经费支出 316 996 元（1 826 300−1 509 304）准予结转以后纳税年度扣除。

④实际发生的工会经费 378 820 元高于计提的即计入成本费用的工会经费 377 326 元，实际发生的工会经费 378 820 元超过税法规定的工会经费支出扣除标准 377 326 元（工资薪金支出 18 866 300 元×税法规定的工会经费提取比例 2%），准予按标准扣除 377 326 元；计入成本费用的工会经费 377 326 元等于税法规定的工会经费支出扣除标准 377 326 元，则工会经费支出 377 326 元不做纳税调整，工会经费支出纳税调增金额=0 元，且实际发生的超标的工会经费支出 1 494 元（378 820−377 326）不能结转以后纳税年度扣除。

⑤计入成本费用的各类基本社会保障性缴款 6 225 879 元已全额缴纳有关部门，准予税前扣除，则各类基本社会保障性缴款 6 225 879 元不做纳税调整，即各类基本社会保障性缴款纳税调增金额=0 元。

⑥计入成本费用的住房公积金 2 263 956 元已全额缴纳有关部门，准予税前扣除，则住房公积金 2 263 956 元不做纳税调整，即住房公积金纳税调增金额=0 元。

⑦职工薪酬纳税调增金额=工资薪金支出纳税调增金额+职工福利费支出纳税调增金额+职工教育经费支出本年度纳税调增金额+工会经费支出纳税调增金额+各类基本社会保

障性缴款纳税调增金额＋住房公积金纳税调增金额＝0＋44 326＋377 326＋0＋0＋0＝421 652（元）；或者＝职工薪酬账载金额－职工薪酬税收金额＝29 997 417－29 575 765＝421 652（元）。

⑧准予结转以后纳税年度扣除职工教育经费支出 316 996 元。

（5）业务招待费支出纳税调增金额。

①业务招待费发生额的 60%＝802 525×60%＝481 515（元）。

②业务招待费扣除限额＝计算业务招待费扣除限额的销售收入×税收规定扣除率＝[主营业务收入＋其他业务收入＋视同销售收入]×税收规定扣除率＝[营业收入＋用于市场推广或销售视同销售收入＋用于职工奖励或福利视同销售收入]×税收规定扣除率＝[81 126 413＋180 000＋120 000]×5‰＝81 426 413×5‰＝407 132.07（元）。

③业务招待费发生额的 60%为 481 515 元，高于其扣除限额 407 132.07 元，则业务招待费准予按扣除限额 407 132.07 元税前扣除。

④业务招待费支出纳税调增金额＝业务招待费支出－准予扣除的业务招待费＝802 525－407 132.07＝395 392.93（元）。

（6）捐赠支出纳税调增金额（填写表 A105070）。

①通过希望工程基金会向贵州某农村希望小学捐款 200 000 元，属于全额扣除的公益性捐赠，不做纳税调整，即全额扣除的公益性捐赠支出纳税调增金额＝200 000－200 000＝0（元）。

②通过民政局向贫困山区捐款 150 000 元，属于限额扣除的公益性捐赠，准予按年度利润总额 12%以内的部分税前扣除，超过标准的调增当年应纳税所得额，但准予以后 3 年内在计算应纳税所得额时结转扣除。

③限额扣除的公益性捐赠支出扣除标准＝2018 年度会计利润总额×税法规定的捐赠扣除比例＝5 889 389×12%＝706 726.68（元）。

④限额扣除的公益性捐赠支出 150 000 元，低于限额扣除的公益性捐赠支出扣除标准 706 726.68 元，准予据实扣除，不做纳税调整，即限额扣除的公益性捐赠支出纳税调增金额＝150 000－150 000＝0（元）。

⑤捐赠支出纳税调增金额＝捐赠支出账载金额－捐赠支出税收金额＝350 000－350 000＝0（元），或者＝全额扣除的公益性捐赠支出纳税调增金额＋限额扣除的公益性捐赠支出纳税调增金额＝0＋0＝0（元）。

（7）利息支出纳税调增金额。

利息支出纳税调增金额＝利息支出账载金额－利息支出税收金额＝(10 000 000×6%＋2 000 000×8%＋10 000)－(10 000 000×6%＋2 000 000×6%＋10 000)＝770 000－730 000＝40 000（元）。

（8）罚金、罚款和被没收财物的损失纳税调增金额。

罚金、罚款和被没收财物的损失纳税调增金额=45 600 元，因为罚金、罚款和被没收财物的损失不得税前扣除，但支付另一企业合同违约金不属于行政性罚款，可以税前扣除。

（9）赞助支出纳税调增金额。

赞助支出纳税调增金额=100 000 元，因为赞助支出不得税前扣除。

（10）党组织工作经费纳税调增金额。

实际发生的党组织工作经费 156 000 元，低于党组织工作经费扣除限额=工资薪金总额×1%=18 866 300×1%=188 663（元），准予据实扣除，不做纳税调整，即党组织工作经费纳税调增金额=0 元。

（11）资产折旧、摊销纳税调增金额（填写表 A105080）。

①固定资产（包括厂房、办公楼、生产用机器设备、汽车运输工具和电子设备）的原值与其初始计税基础相同，折旧方法相同，折旧年限一致，不存在差异，不做纳税调整，厂房、办公楼、生产用机器设备、汽车运输工具和电子设备折旧纳税调增金额=0 元，即固定资产折旧纳税调增金额=0 元。

②无形资产（包括专利权、商标权、非专利技术）的原值与其初始计税基础相同，摊销方法相同，摊销年限一致，不存在差异，不做纳税调整，即无形资产摊销纳税调增金额=0 元。

③资产折旧、摊销纳税调增金额=固定资产折旧纳税调增金额+无形资产摊销纳税调增金额=0+0=0（元），或者=资产折旧、摊销税收金额-资产折旧、摊销账载金额=3 170 000-3 170 000=0（元）。

（12）资产减值准备金纳税调增金额。

①坏账准备纳税调增金额=101 666 元。

②无形资产减值准备纳税调增金额=专利权计提的无形资产减值准备 20 000 元。

③资产减值准备金纳税调增金额=坏账准备纳税调增金额+无形资产减值准备纳税调增金额=101 666+20 000=121 666（元）。

（13）纳税调整增加额。

纳税调整增加额=视同销售收入纳税调增金额+未按权责发生制原则确认的收入纳税调增金额+投资收益纳税调增金额+职工薪酬纳税调增金额+业务招待费支出纳税调增金额+捐赠支出纳税调增金额+利息支出纳税调增金额+罚金、罚款和被没收财物的损失纳税调增金额+赞助支出纳税调增金额+党组织工作经费纳税调增金额+资产折旧、摊销纳税调增金额+资产减值准备金纳税调增金额=300 000+240 000+400 000+421 652+395 392.93+0+40 000+45 600+100 000+0+0+121 666=2 064 310.93（元），或者=收入类调整项目纳税调增金额+扣除类调整项目纳税调增金额+资产类调整项目纳税调增金额=940 000+1 002 644.93+121 666=2 064 310.93（元）。

3. 纳税调整减少额（填写表 A105000）：

（1）公允价值变动净损益纳税调减金额。

公允价值变动净损益纳税调减金额＝30 000 元。

（2）视同销售成本纳税调减金额（填写表 A105010）。

①用于市场推广或销售视同销售成本＝108 000 元。

②用于职工奖励的产品成本已计入管理费用，不能重复扣除，则用于职工奖励或福利视同销售成本＝0 元。

③视同销售成本纳税调减金额＝108 000＋0＝108 000（元）。

（3）广告费和业务宣传费支出纳税调减金额（填写表 A105060）。

①本年符合条件的广告费和业务宣传费支出＝本年广告费和业务宣传费支出－不允许扣除的广告费和业务宣传费支出＝11 817 568－0＝11 817 568（元）。

②本企业计算的广告费和业务宣传费扣除限额＝本年计算广告费和业务宣传费扣除限额的销售收入×税收规定扣除率＝（主营业务收入＋其他业务收入＋视同销售收入）×税收规定扣除率＝（营业收入＋用于市场推广或销售视同销售收入＋用于职工奖励或福利视同销售收入）×税收规定扣除率＝（81 126 413＋180 000＋120 000）×15％＝81 426 413×15％＝12 213 961.95（元）。

③因为广告费和业务宣传费支出 11 817 568 元低于税法规定的广告费和业务宣传费支出扣除标准 12 213 961.95 元，则在本年度广告费和业务宣传费支出准予全额扣除，不需要结转以后年度扣除。

④以前年度累计结转扣除额＝112 622 元，小于 396 393.95 元（本企业计算的广告费和业务宣传费扣除限额 12 213 961.95－本年符合条件的广告费和业务宣传费支出 11 817 568），则本年扣除的以前年度结转额＝112 622 元。

⑤本年广告费和业务宣传费支出纳税调减金额＝不允许扣除的广告费和业务宣传费支出－本年扣除的以前年度结转额＋按照分摊协议归集至其他关联方的广告费和业务宣传费－按照分摊协议从其他关联方归集至本企业的广告费和业务宣传费＝0－112 622＋0－0＝－112 622（元）。

⑥广告费和业务宣传费支出纳税调减金额＝112 622 元。

（4）纳税调整减少额。

纳税调整减少额＝公允价值变动净损益纳税调减金额＋视同销售成本纳税调减金额＋广告费和业务宣传费支出纳税调减金额＝30 000＋108 000＋112 622＝250 622（元）；或者＝收入类调整项目纳税调减金额＋扣除类调整项目纳税调减金额＋资产类调整项目纳税调减金额＝30 000＋220 622＋0＝250 622（元）。

4. 免税、减计收入及加计扣除（填写表 A107010）：

（1）免税收入。

①国债利息收入免征企业所得税＝6 000 元，金融债券利息不免征企业所得税。

②符合条件的居民企业之间的股息、红利等权益性投资收益免征企业所得税＝800 000 元（填写表 A107011）。

③免税收入＝国债利息收入免征企业所得税＋符合条件的居民企业之间的股息、红利等权益性投资收益免征企业所得税＝6 000＋800 000＝806 000（元）。

（2）加计扣除＝以前年度形成无形资产本年摊销额×加计扣除比例 75%＝300 000×75%＝225 000（元）。

（3）免税、减计收入及加计扣除＝免税收入＋加计扣除＝806 000＋225 000＝1 031 000（元）。

5. 境外应税所得抵减境内亏损（填写表 A108000）：

境外应税所得抵减境内亏损＝0 元。

6. 纳税调整后所得（13－14＋15－16－17＋18）：

纳税调整后所得＝利润总额－境外所得＋纳税调整增加额－纳税调整减少额－免税、减计收入及加计扣除＋境外应税所得抵减境内亏损＝5 889 389－500 000＋2 064 310.93－250 622－1 031 000＋0＝6 172 077.93（元）。

7. 所得减免（填写表 A107020）：

本纳税人不符合所得减免的条件，不用填写表 A107020，即所得减免＝0 元。

8. 弥补以前年度亏损（填写表 A106000）：

本纳税人为一般企业，尚未弥补完的亏损，准予结转以后年度弥补，最长结转年限为 5 年。

2015 年发生亏损 808 866.10 元，在 2016 年已弥补亏损 253 906.20 元，在 2017 年已弥补亏损 352 950.60 元，截至 2018 年尚未弥补的以前年度亏损为 202 009.30 元，且符合亏损弥补期限 5 年的条件，则 2018 年可弥补以前年度亏损 202 009.30 元，至此可结转以后年度弥补的亏损额为零。

9. 抵扣应纳税所得额（填写表 A107030）：

本纳税人不符合抵扣应纳税所得额的条件，不用填写表 A107030，即抵扣应纳税所得额＝0 元。

10. 应纳税所得额（19－20－21－22）：

应纳税所得额＝纳税调整后所得－所得减免－弥补以前年度亏损－抵扣应纳税所得额＝6 172 077.93－0－202 009.30－0＝5 970 068.63（元）。

（三）应纳税额计算

1. 税率（25%）：

所得税税率＝25%。

2. 应纳所得税额（23×24）：

应纳所得税额＝应纳税所得额×所得税税率＝5 970 068.63×25%＝1 492 517.16（元）。

3. 减免所得税额（填写表 A107040）：

本纳税人不符合减免所得税额的条件，不用填写表 A107040，即减免所得税额＝0 元。

4. 抵免所得税额（填写表 A107050）：

本纳税人不符合抵免所得税额的条件，不用填写表 A107050，即抵免所得税额＝0 元。

5. 应纳税额（25－26－27）：

应纳税额＝应纳所得税额－减免所得税额－抵免所得税额＝1 492 517.16－0－0＝1 492 517.16（元）。

6. 境外所得应纳所得税额（填写表 A108000）：

境外所得应纳所得税额＝境外应纳税所得额×所得税税率＝300 000÷(1－40%)×25%＝125 000（元）。

7. 境外所得抵免所得税额（填写表 A108000）：

（1）来源于甲国的境外应纳税所得额＝300 000÷(1－40%)＝500 000（元）。

（2）中国境内、境外应纳税所得总额＝5 970 068.63＋500 000＝6 470 068.63（元）。

（3）中国境内、境外所得依照企业所得税法和条例的规定计算的应纳税总额＝中国境内、境外应纳税所得总额×所得税税率＝6 470 068.63×25%＝1 617 517.16（元）。

（4）甲国抵免限额＝中国境内、境外所得依照企业所得税法和条例规定计算的应纳税总额×来源于甲国的应纳税所得额÷中国境内、境外应纳税所得总额＝1 617 517.16×(500 000÷6 470 068.63)＝125 000（元）。

（5）在甲国已纳税款＝500 000×40%＝200 000（元）。

（6）在甲国缴纳的所得税款 200 000 元，高于抵免限额 125 000 元，应按抵免限额 125 000 元扣除，其超过扣除限额的部分 75 000 元（200 000－125 000）当年不能扣除，但可用以后年度税额扣除的余额补扣。

（7）境外所得抵免所得税额＝125 000 元。

（8）本年结转以后年度抵免的境外所得已缴所得税额＝75 000 元。

8. 实际应纳所得税额（28＋29－30）：

实际应纳所得税额＝应纳税额＋境外所得应纳所得税额－境外所得抵免所得税额＝1 492 517.16＋125 000－125 000＝1 492 517.16（元）。

9. 本年累计实际已缴纳的所得税额：

本年累计实际已缴纳的所得税额＝501 240 元。

10. 本年应补缴所得税额（31－32）：

本年应补缴的所得税额＝实际应纳所得税额－本年累计实际已缴纳的所得税额＝

1 492 517.16－501 240＝991 277.16（元）。

本纳税人为非跨地区经营企业，不需要汇总纳税，不用填写表 A109000。

综上，本纳税人根据企业所得税法的规定，在年度终了后 5 个月内进行汇算清缴，于 2019 年 5 月 16 日补缴所得税额 991 277.16 元。

模块 3

企业所得税年度纳税申报表的填列

中华人民共和国企业所得税
年度纳税申报表（A类，2017年版）

（2018年修订）

国家税务总局

2018年12月

目 录

中华人民共和国企业所得税年度纳税申报表

（A 类，2018 年版）

税款所属期间：2018 年 01 月 01 日 至 2018 年 12 月 31 日

纳税人识别号（统一社会信用代码）：9 1 1 1 0 1 0 2 7 6 6 6 1 5 4 5 9 F

纳税人名称：北京奥萨弗莱德有限公司

金额单位：人民币元（列至角分）

谨声明：本纳税申报表是根据国家税收法律法规及相关规定填报的，是真实的、可靠的、完整的。

纳税人（签章）：北京奥萨弗莱德有限公司

2019 年 05 月 16 日

经办人：李裴莹	受理人：
经办人身份证号：110108197803175462	受理税务机关（章）：
代理机构签章：	受理日期：　　年　月　日

国家税务总局监制

《中华人民共和国企业所得税年度纳税申报表（A类，2018年版）》封面填报说明

《中华人民共和国企业所得税年度纳税申报表（A类，2017年版）》（以下简称“申报表”）适用于实行查账征收企业所得税的居民企业纳税人（以下简称“纳税人”）填报。有关项目填报说明如下：

1.“税款所属期间”：正常经营的纳税人，填报公历当年1月1日至12月31日；纳税人年度中间开业的，填报实际生产经营之日至当年12月31日；纳税人年度中间发生合并、分立、破产、停业等情况的，填报公历当年1月1日至实际停业或法院裁定并宣告破产之日；纳税人年度中间开业且年度中间又发生合并、分立、破产、停业等情况的，填报实际生产经营之日至实际停业或法院裁定并宣告破产之日。

2.“纳税人识别号（统一社会信用代码）”：填报有关部门核发的统一社会信用代码。未取得统一社会信用代码的，填报税务机关核发的纳税人识别号。

3.“纳税人名称”：填报营业执照、税务登记证等证件载明的纳税人名称。

4.“填报日期”：填报纳税人申报当日日期。

5. 纳税人聘请机构代理申报的，加盖代理机构公章。

企业所得税年度纳税申报表填报表单

表单编号	表单名称	是否填报
A000000	企业所得税年度纳税申报基础信息表	√
A100000	中华人民共和国企业所得税年度纳税申报表（A类）	√
A101010	一般企业收入明细表	☑
A101020	金融企业收入明细表	□
A102010	一般企业成本支出明细表	☑
A102020	金融企业支出明细表	□
A103000	事业单位、民间非营利组织收入、支出明细表	□
A104000	期间费用明细表	☑
A105000	纳税调整项目明细表	☑
A105010	视同销售和房地产开发企业特定业务纳税调整明细表	☑
A105020	未按权责发生制确认收入纳税调整明细表	☑
A105030	投资收益纳税调整明细表	☑
A105040	专项用途财政性资金纳税调整明细表	□
A105050	职工薪酬支出及纳税调整明细表	☑
A105060	广告费和业务宣传费跨年度纳税调整明细表	☑
A105070	捐赠支出及纳税调整明细表	☑
A105080	资产折旧、摊销及纳税调整明细表	☑
A105090	资产损失税前扣除及纳税调整明细表	□
A105100	企业重组及递延纳税事项纳税调整明细表	□
A105110	政策性搬迁纳税调整明细表	□
A105120	特殊行业准备金及纳税调整明细表	□
A106000	企业所得税弥补亏损明细表	☑
A107010	免税、减计收入及加计扣除优惠明细表	☑
A107011	符合条件的居民企业之间的股息、红利等权益性投资收益优惠明细表	☑
A107012	研发费用加计扣除优惠明细表	☑
A107020	所得减免优惠明细表	□
A107030	抵扣应纳税所得额明细表	□
A107040	减免所得税优惠明细表	□
A107041	高新技术企业优惠情况及明细表	□
A107042	软件、集成电路企业优惠情况及明细表	□
A107050	税额抵免优惠明细表	□
A108000	境外所得税收抵免明细表	☑
A108010	境外所得纳税调整后所得明细表	☑
A108020	境外分支机构弥补亏损明细表	□
A108030	跨年度结转抵免境外所得税明细表	☑
A109000	跨地区经营汇总纳税企业年度分摊企业所得税明细表	□
A109010	企业所得税汇总纳税分支机构所得税分配表	□
说明：企业应当根据实际情况选择需要填报的表单。		

《企业所得税年度纳税申报表填报表单》填报说明

本表列示申报表全部表单名称及编号。纳税人在填报申报表之前，请仔细阅读这些表单的填报信息，并根据企业的涉税业务，选择“是否填报”。选择“填报”的，在“□”内打“√”，并完成该表单内容的填报。未选择“填报”的表单，无须向税务机关报送。各表单有关情况如下：

1.《企业所得税年度纳税申报基础信息表》(A000000)。

本表为必填表，填报内容包括基本经营情况、有关涉税事项情况、主要股东及分红情况三部分。纳税人填报申报表时，首先填报此表，为后续申报提供指引。

2.《中华人民共和国企业所得税年度纳税申报表（A类）》(A100000)。

本表为必填表，是纳税人计算申报缴纳企业所得税的主表。

3.《一般企业收入明细表》(A101010)。

本表适用于除金融企业、事业单位和民间非营利组织外的纳税人填报，反映一般企业按照国家统一会计制度规定取得收入情况。

4.《金融企业收入明细表》(A101020)。

本表仅适用于金融企业（包括银行、信用社、保险公司、证券公司等金融企业）填报，反映金融企业按照企业会计准则规定取得收入情况。

5.《一般企业成本支出明细表》(A102010)。

本表适用于除金融企业、事业单位和民间非营利组织外的纳税人填报，反映一般企业按照国家统一会计制度规定发生成本支出情况。

6.《金融企业支出明细表》(A102020)。

本表仅适用于金融企业（包括银行、信用社、保险公司、证券公司等金融企业）填报，反映金融企业按照企业会计准则规定发生支出情况。

7.《事业单位、民间非营利组织收入、支出明细表》(A103000)。

本表适用于事业单位和民间非营利组织填报，反映事业单位、社会团体、民办非企业单位、非营利组织等按照有关会计制度规定取得收入，发生支出、费用情况。

8.《期间费用明细表》(A104000)。

本表适用于除事业单位和民间非营利组织外的纳税人填报，反映纳税人根据国家统一会计制度发生的期间费用明细情况。

9.《纳税调整项目明细表》(A105000)。

本表反映纳税人财务、会计处理办法（以下简称“会计处理”）与税收法律、行政法规的规定（以下简称“税收规定”）不一致，需要进行纳税调整的项目和金额情况。

10.《视同销售和房地产开发企业特定业务纳税调整明细表》(A105010)。

本表反映纳税人发生视同销售行为、房地产开发企业销售未完工产品、未完工产品转完工产品，会计处理与税收规定不一致，需要进行纳税调整的项目和金额情况。

11.《未按权责发生制确认收入纳税调整明细表》(A105020)。

本表反映纳税人会计处理按照权责发生制确认收入，而税收规定不按照权责发生制确认收入，需要进行纳税调整的项目和金额情况。

12.《投资收益纳税调整明细表》(A105030)。

本表反映纳税人发生投资收益，由于会计处理与税收规定不一致，需要进行纳税调整的项目和金额情况。

13.《专项用途财政性资金纳税调整明细表》(A105040)。

本表反映纳税人取得符合不征税收入条件的专项用途财政性资金，由于会计处理与税收规定不一致，需要进行纳税调整的金额情况。

14.《职工薪酬支出及纳税调整明细表》(A105050)。

本表反映纳税人发生的职工薪酬（包括工资薪金、职工福利费、职工教育经费、工会经费、各类基本社会保障性缴款、住房公积金、补充养老保险、补充医疗保险等支出）情况，以及由于会计处理与税收规定不一致，需要进行纳税调整的项目和金额情况。纳税人只要发生职工薪酬支出，均需填报本表。

15.《广告费和业务宣传费跨年度纳税调整明细表》(A105060)。

本表反映纳税人发生的广告费和业务宣传费支出，会计处理与税收规定不一致，需要进行纳税调整的金额情况。纳税人发生以前年度广告费和业务宣传费未扣除完毕的，应填报以前年度累计结转情况。

16.《捐赠支出及纳税调整明细表》(A105070)。

本表反映纳税人发生捐赠支出的情况，以及由于会计处理与税收规定不一致，需要进行纳税调整的项目和金额情况。纳税人发生以前年度捐赠支出未扣除完毕的，应填报以前年度累计结转情况。

17.《资产折旧、摊销及纳税调整明细表》(A105080)。

本表反映纳税人资产折旧、摊销情况，以及由于会计处理与税收规定不一致，需要进行纳税调整的项目和金额情况。纳税人只要发生资产折旧、摊销，均需填报本表。

18.《资产损失税前扣除及纳税调整明细表》(A105090)。

本表反映纳税人发生的资产损失的项目及金额情况，以及由于会计处理与税收规定不一致，需要进行纳税调整的项目和金额情况。

19.《企业重组及递延纳税事项纳税调整明细表》(A105100)。

本表反映纳税人发生企业重组、非货币性资产对外投资、技术入股等业务所涉及的所得或损失情况，以及由于会计处理与税收规定不一致，需要进行纳税调整的项目和金额情况。

20.《政策性搬迁纳税调整明细表》(A105110)。

本表反映纳税人发生政策性搬迁所涉及的所得或损失，由于会计处理与税收规定不一致，需要进行纳税调整的项目和金额情况。

21.《特殊行业准备金及纳税调整明细表》(A105120)。

本表适用于保险、证券、期货、金融、担保、小额贷款公司等特殊行业纳税人填报，反映发生特殊行业准备金情况，以及由于会计处理与税收规定不一致，需要进行纳税调整的项目和金额情况。

22.《企业所得税弥补亏损明细表》(A106000)。

本表反映纳税人以前年度发生的亏损需要在本年度结转弥补的金额，本年度可弥补的金额以及可继续结转以后年度弥补的亏损额情况。

23.《免税、减计收入及加计扣除优惠明细表》(A107010)。

本表反映纳税人本年度所享受免税收入、减计收入、加计扣除等优惠政策的项目和金额情况。

24.《符合条件的居民企业之间的股息、红利等权益性投资收益优惠明细表》(A107011)。

本表反映纳税人本年度享受居民企业之间的股息、红利等权益性投资收益免税优惠政策的项目和金额情况。

25.《研发费用加计扣除优惠明细表》(A107012)。

本表反映纳税人享受研发费用加计扣除优惠政策情况。纳税人以前年度有销售研发活动直接形成产品（包括组成部分）对应材料部分未扣减完毕的，应填报以前年度未扣减情况。

26.《所得减免优惠明细表》(A107020)。

本表反映纳税人本年度享受减免所得额优惠政策（包括农、林、牧、渔项目和国家重点扶持的公共基础设施项目、环境保护、节能节水项目、集成电路生产项目以及符合条件的技术转让项目等）项目和金额情况。

27.《抵扣应纳税所得额明细表》(A107030)。

本表反映纳税人本年度享受创业投资企业抵扣应纳税所得额优惠政策的项目和金额情况。纳税人有以前年度结转的尚未抵扣的股权投资余额的，应填报以前年度累计结转情况。

28.《减免所得税优惠明细表》(A107040)。

本表反映纳税人本年度享受减免所得税优惠政策（包括小型微利企业、高新技术企业、民族自治地方企业、其他专项优惠等）的项目和金额情况。

29.《高新技术企业优惠情况及明细表》(A107041)。

本表反映高新技术企业基本情况和享受优惠政策的有关情况。高新技术企业资格证书在有效期内的纳税人需要填报本表。

30.《软件、集成电路企业优惠情况及明细表》(A107042)。

本表反映纳税人本年度享受软件、集成电路企业优惠政策的有关情况。

31.《税额抵免优惠明细表》(A107050)。

本表反映纳税人享受购买专用设备投资额抵免税额优惠政策的项目和金额情况。纳税人有以前年度结转的尚未抵免的专用设备投资额的，应填报以前年度已抵免情况。

32.《境外所得税收抵免明细表》(A108000)。

本表反映纳税人本年度来源于或发生于其他国家、地区的境外所得，按照我国税收规定计算应缴纳和应抵免的企业所得税额情况。

33.《境外所得纳税调整后所得明细表》(A108010)。

本表反映纳税人本年度来源于或发生于其他国家、地区的境外所得，按照我国税收规定计算调整后的所得情况。

34.《境外分支机构弥补亏损明细表》(A108020)。

本表反映纳税人境外分支机构本年度及以前年度发生的税前尚未弥补的非实际亏损额和实际亏损额、结转以后年度弥补的非实际亏损额和实际亏损额情况。

35.《跨年度结转抵免境外所得税明细表》(A108030)。

本表反映纳税人本年度来源于或发生于其他国家或地区的境外所得按照我国税收规定可以抵免的所得税额情况。

36.《跨地区经营汇总纳税企业年度分摊企业所得税明细表》(A109000)。

本表适用于跨地区经营汇总纳税企业的总机构填报，反映按照规定计算的总机构、分支机构本年度应缴的企业所得税情况，以及总机构、分支机构应分摊的企业所得税情况。

37.《企业所得税汇总纳税分支机构所得税分配表》(A109010)。

本表适用于跨地区经营汇总纳税企业的总机构填报，反映总机构本年度实际应纳所得税额以及所属分支机构本年度应分摊的所得税额情况。

A000000 企业所得税年度纳税申报基础信息表

基本经营情况（必填项目）			
101 纳税申报企业类型（填写代码）	100	102 分支机构就地纳税比例（%）	
103 资产总额（填写平均值，单位：万元）	9 512.53	104 从业人数（填写平均值，单位：人）	326
105 所属国民经济行业（填写代码）	C3521	106 从事国家限制或禁止行业	□是 ☑否
107 适用会计准则或会计制度（填写代码）	110	108 采用一般企业财务报表格式（2018 年版）	☑是 □否
109 小型微利企业	□是 ☑否	110 上市公司	是（□境内 □境外）☑否
有关涉税事项情况（存在或者发生下列事项时必填）			
201 从事股权投资业务	☑是	202 存在境外关联交易	☑是
203 选择采用的境外所得抵免方式	☑分国（地区）不分项 □不分国（地区）不分项		
204 有限合伙制创业投资企业的法人合伙人	□是	205 创业投资企业	□是
206 技术先进型服务企业类型（填写代码）		207 非营利组织	□是
208 软件、集成电路企业类型（填写代码）		209 集成电路生产项目类型	□130 纳米 □65 纳米
210 科技型中小企业	210-1 ____年（申报所属期年度）入库编号 1	210-2 入库时间 1	
	210-3 ____年（所属期下一年度）入库编号 2	210-4 入库时间 2	
211 高新技术企业申报所属期年度有效的高新技术企业证书	211-1 证书编号 1	211-2 发证时间 1	
	211-3 证书编号 2	211-4 发证时间 2	
212 重组事项税务处理方式	□一般性 □特殊性	213 重组交易类型（填写代码）	
214 重组当事方类型（填写代码）		215 政策性搬迁开始时间	____年__月
216 发生政策性搬迁且停止生产经营无所得年度	□是	217 政策性搬迁损失分期扣除年度	□是
218 发生非货币性资产对外投资递延纳税事项	□是	219 非货币性资产对外投资转让所得递延纳税年度	□是
220 发生技术成果投资入股递延纳税事项	□是	221 技术成果投资入股递延纳税年度	□是
222 发生资产（股权）划转特殊性税务处理事项	□是	223 债务重组所得递延纳税年度	□是

主要股东及分红情况（必填项目）					
股东名称	证件种类	证件号码	投资比例（%）	当年（决议日）分配的股息、红利等权益性投资收益金额	国籍（注册地址）
李鸿轩	身份证	110102197210055526	36	474 862.16	中国
李裴莹	身份证	110108197803175462	23	303 384.16	中国
李晓晓	身份证	110105197606362351	21	277 002.93	中国
王大茂	身份证	110103197506316682	10	131 906.16	中国
秦雨柱	身份证	110108196208203839	10	131 906.14	中国
其余股东合计	—	—			—

A000000《企业所得税年度纳税申报基础信息表》填报说明

纳税人在企业所得税年度纳税申报时应当向税务机关申报或者报告与确定应纳税额相关的信息。本表包括基本经营情况、有关涉税事项情况、主要股东及分红情况三部分内容。有关项目填报说明如下：

一、基本经营情况

本部分所列项目为纳税人必填（必选）内容。

1. “101 纳税申报企业类型”：纳税人根据申报所属期年度的企业经营方式情况，从《跨地区经营企业类型代码表》中选择相应的代码填入本项。

跨地区经营企业类型代码表

<table>
<tr><th rowspan="2">代码</th><th colspan="3">类型</th></tr>
<tr><th>大类</th><th>中类</th><th>小类</th></tr>
<tr><td>100</td><td colspan="3">非跨地区经营企业</td></tr>
<tr><td>210</td><td rowspan="3">跨地区经营企业总机构</td><td colspan="2">总机构（跨省）——适用《跨地区经营汇总纳税企业所得税征收管理办法》</td></tr>
<tr><td>220</td><td colspan="2">总机构（跨省）——不适用《跨地区经营汇总纳税企业所得税征收管理办法》</td></tr>
<tr><td>230</td><td colspan="2">总机构（省内）</td></tr>
<tr><td>311</td><td rowspan="2">跨地区经营企业分支机构</td><td rowspan="2">需进行完整年度纳税申报</td><td>分支机构（须进行完整年度申报并按比例纳税）</td></tr>
<tr><td>312</td><td>分支机构（须进行完整年度申报但不就地缴纳）</td></tr>
</table>

代码说明：

“非跨地区经营企业”：纳税人未跨地区设立不具有法人资格分支机构的，为非跨地区经营企业。

“总机构（跨省）——适用《跨地区经营汇总纳税企业所得税征收管理办法》”：纳税人为《国家税务总局关于印发〈跨地区经营汇总纳税企业所得税征收管理办法〉的公告》（国家税务总局公告 2012 年第 57 号发布、国家税务总局公告 2018 年第 31 号修改）规定的跨省、自治区、直辖市和计划单列市设立不具有法人资格分支机构的跨地区经营汇总纳税企业的总机构。

“总机构（跨省）——不适用《跨地区经营汇总纳税企业所得税征收管理办法》”：纳税人为《国家税务总局关于印发〈跨地区经营汇总纳税企业所得税征收管理办法〉的公告》

（国家税务总局公告 2012 年第 57 号发布、国家税务总局公告 2018 年第 31 号修改）第二条规定的不适用该公告的跨地区经营汇总纳税企业的总机构。

"总机构（省内）"：纳税人为仅在同一省、自治区、直辖市和计划单列市内设立不具有法人资格分支机构的跨地区经营汇总纳税企业的总机构。

"分支机构（须进行完整年度申报并按比例纳税）"：纳税人为根据相关政策规定须进行完整年度申报并按比例就地缴纳企业所得税的跨地区经营企业的分支机构。

"分支机构（须进行完整年度申报但不就地缴纳）"：纳税人为根据相关政策规定须进行完整年度申报但不就地缴纳所得税的跨地区经营企业的分支机构。

2. "102 分支机构就地纳税比例"："101 纳税申报企业类型"为"分支机构（须进行完整年度申报并按比例纳税）"需要同时填报本项。分支机构填报年度纳税申报时应当就地缴纳企业所得税的比例。

3. "103 资产总额"：纳税人填报资产总额的全年季度平均值，单位为万元，保留小数点后 2 位。具体计算公式如下：

季度平均值＝(季初值＋季末值)÷2

全年季度平均值＝全年各季度平均值之和÷4

年度中间开业或者终止经营活动的，以其实际经营期作为一个纳税年度确定上述相关指标。

4. "104 从业人数"：纳税人填报从业人数的全年季度平均值，单位为人。从业人数是指与企业建立劳动关系的职工人数和企业接受的劳务派遣用工人数之和，依据和计算方法同"103 资产总额"。

5. "105 所属国民经济行业"：按照《国民经济行业分类》标准，纳税人填报所属的国民经济行业明细代码。

6. "106 从事国家限制或禁止行业"：纳税人从事行业为国家限制和禁止行业的，选择"是"；其他选择"否"。

7. "107 适用会计准则或会计制度"：纳税人根据会计核算采用的会计准则或会计制度从《会计准则或会计制度类型代码表》中选择相应的代码填入本项。

会计准则或会计制度类型代码表

代码	类型	
	大类	小类
110	企业会计准则	一般企业
120		银行
130		证券
140		保险
150		担保
200	小企业会计准则	

续表

代码	类型	
	大类	小类
300	企业会计制度	
410	事业单位会计准则	事业单位会计制度
420		科学事业单位会计制度
430		医院会计制度
440		高等学校会计制度
450		中小学校会计制度
460		彩票机构会计制度
500	民间非营利组织会计制度	
600	村集体经济组织会计制度	
700	农民专业合作社财务会计制度（试行）	
999	其他	

8.“108 采用一般企业财务报表格式（2018 年版）”：纳税人根据《财政部关于修订印发 2018 年度一般企业财务报表格式的通知》（财会〔2018〕15 号）规定的格式编制财务报表的，选择“是”，其他选择“否”。

9.“109 小型微利企业”：纳税人符合《中华人民共和国企业所得税法》及其实施条例、《财政部 税务总局关于进一步扩大小型微利企业所得税优惠政策范围的通知》（财税〔2018〕77 号）等文件规定的小型微利企业条件的，选择“是”，其他选择“否”。

10.“110 上市公司”：纳税人在中国境内上市的选择“境内”；在中国境外上市的选择“境外”；在境内外同时上市的可同时选择；其他选择“否”。纳税人在中国香港上市的，参照境外上市相关规定选择。

二、有关涉税事项情况

本部分所列项目为条件必填（必选）内容，当纳税人存在或发生下列事项时，必须填报。纳税人未填报的，视同不存在或未发生下列事项。

1.“201 从事股权投资业务”：纳税人从事股权投资业务的（包括集团公司总部、创业投资企业等），选择“是”。

2.“202 存在境外关联交易”：纳税人存在境外关联交易的，选择“是”。

3.“203 选择采用的境外所得抵免方式”：纳税人适用境外所得税收抵免政策，且根据《财政部 税务总局关于完善企业境外所得税收抵免政策问题的通知》（财税〔2017〕84 号）规定选择按国（地区）别分别计算其来源于境外的应纳税所得额，即“分国（地区）不分项”的，选择“分国（地区）不分项”；纳税人适用境外所得税收抵免政策，且根据财税

〔2017〕84 号文件规定选择不按国（地区）别汇总计算其来源于境外的应纳税所得额，即“不分国（地区）不分项”的，选择“不分国（地区）不分项”。境外所得抵免方式一经选择，5 年内不得变更。

4. “204 有限合伙制创业投资企业的法人合伙人”：纳税人投资于有限合伙制创业投资企业且为其法人合伙人的，选择“是”。本项目中的有限合伙制创业投资企业的法人合伙人是指符合《中华人民共和国合伙企业法》、《创业投资企业管理暂行办法》（国家发展和改革委员会令第 39 号）、《外商投资创业投资企业管理规定》（外经贸部、科技部、工商总局、税务总局、外汇管理局令 2003 年第 2 号发布，商务部令 2015 年第 2 号修改）、《私募投资基金监督管理暂行办法》（证监会令第 105 号）关于创业投资基金的特别规定等规定的创业投资企业法人合伙人。有限合伙制创业投资企业的法人合伙人无论是否享受企业所得税优惠政策，均应填报本项。

5. “205 创业投资企业”：纳税人为创业投资企业的，选择“是”。本项目中的创业投资企业是指依照《创业投资企业管理暂行办法》（国家发展和改革委员会令第 39 号）和《外商投资创业投资企业管理规定》（外经贸部、科技部、工商总局、税务总局、外汇管理局令 2003 年第 2 号发布，商务部令 2015 年第 2 号修改）、《私募投资基金监督管理暂行办法》（证监会令第 105 号）关于创业投资基金的特别规定等规定，在中华人民共和国境内设立的专门从事创业投资活动的企业或其他经济组织。创业投资企业无论是否享受企业所得税优惠政策，均应填报本项。

6. “206 技术先进型服务企业类型”：纳税人为经认定的技术先进型服务企业的，从《技术先进型服务企业类型代码表》中选择相应的代码填报本项。本项目中的经认定的技术先进型服务企业是指符合《财政部 税务总局 商务部 科技部 国家发展改革委关于将技术先进型服务企业所得税政策推广至全国实施的通知》（财税〔2017〕79 号）、《财政部 税务总局 商务部 科技部 国家发展改革委关于将服务贸易创新发展试点地区技术先进型服务企业所得税政策推广至全国实施的通知》（财税〔2018〕44 号）等文件规定的企业。经认定的技术先进型服务企业无论是否享受企业所得税优惠政策，均应填报本项。

技术先进型服务企业类型代码表

代码	类型	
	大类	小类
110	服务外包类	信息技术外包服务（ITO）
120		技术性业务流程外包服务（BPO）
130		技术性知识流程外包服务（KPO）
210	服务贸易类	计算机和信息服务
220		研究开发和技术服务
230		文化技术服务
240		中医药医疗服务

7. “207 非营利组织”：纳税人为非营利组织的，选择“是”。

8. “208 软件、集成电路企业类型”：纳税人按照企业类型从《软件、集成电路企业类型代码表》中选择相应的代码填入本项。软件、集成电路企业若符合相关企业所得税优惠政策条件的，无论是否享受企业所得税优惠，均应填报本项。

软件、集成电路企业类型代码表

代码	类型		
	大类	中类	小类
110	集成电路生产企业	线宽小于 0.8 微米（含）的企业	
120		线宽小于 0.25 微米的企业	
130		投资额超过 80 亿元的企业	
140		线宽小于 130 纳米的企业	
150		线宽小于 65 纳米或投资额超过 150 亿元的企业	
210	集成电路设计企业	新办符合条件企业	
220		符合规模条件的重点集成电路设计企业	
230		符合领域的重点集成电路设计企业	
311	软件企业	一般软件企业	新办符合条件企业
312			符合规模条件的重点软件企业
313			符合领域条件的重点软件企业
314			符合出口条件的重点软件企业
321		嵌入式或信息系统集成软件	新办符合条件企业
322			符合规模条件的重点软件企业
323			符合领域条件的重点软件企业
324			符合出口条件的重点软件企业
400	集成电路封装测试企业		
500	集成电路关键专用材料生产企业		
600	集成电路专用设备生产企业		

代码说明：

“集成电路生产企业”：符合《财政部 国家税务总局 发展改革委 工业和信息化部关于软件和集成电路产业企业所得税优惠政策有关问题的通知》（财税〔2016〕49 号）、《财政部 税务总局 国家发展改革委 工业和信息化部关于集成电路生产企业有关企业所得税政策问题的通知》（财税〔2018〕27 号）等文件规定的集成电路生产企业。具体说明如下：

（1）“线宽小于 0.8 微米（含）的企业”是指可以享受第一年至第二年免征企业所得税，第三年至第五年按照 25%的法定税率减半征收企业所得税优惠政策的集成电路线宽小于 0.8 微米（含）的集成电路生产企业。

（2）“线宽小于 0.25 微米的企业”是指可以享受减按 15%的税率征收企业所得税优惠政策，或者第一年至第五年免征企业所得税，第六年至第十年按照 25%的法定税率减半征收企业所得税优惠政策的集成电路线宽小于 0.25 微米的集成电路生产企业。

(3)“投资额超过 80 亿元的企业”是指可以享受减按 15%的税率征收企业所得税优惠政策，或者第一年至第五年免征企业所得税，第六年至第十年按照 25%的法定税率减半征收企业所得税优惠政策的投资额超过 80 亿元的集成电路生产企业。

(4)“线宽小于 130 纳米的企业”是指可以享受第一年至第二年免征企业所得税，第三年至第五年按照 25%的法定税率减半征收企业所得税优惠政策的集成电路线宽小于 130 纳米的集成电路生产企业。

(5)“线宽小于 65 纳米或投资额超过 150 亿元的企业”是指可以享受第一年至第五年免征企业所得税，第六年至第十年按照 25%的法定税率减半征收企业所得税优惠政策的集成电路线宽小于 65 纳米或投资额超过 150 亿元的集成电路生产企业。

“集成电路设计企业”：符合《财政部 国家税务总局 发展改革委 工业和信息化部关于软件和集成电路产业企业所得税优惠政策有关问题的通知》(财税〔2016〕49 号）等文件规定的集成电路设计企业、国家规划布局内的重点集成电路设计企业。具体说明如下：

(1)“新办符合条件企业”是指可以享受第一年至第二年免征企业所得税，第三年至第五年按照 25%的法定税率减半征收企业所得税优惠政策的集成电路设计企业。

(2)“符合规模条件的重点集成电路设计企业”是指可以享受减按 10%的税率征收企业所得税优惠政策的国家规划布局内的重点集成电路设计企业，且其符合财税〔2016〕49 号文件第五条第（一）项“汇算清缴年度集成电路设计销售（营业）收入不低于 2 亿元，年应纳税所得额不低于 1 000 万元，研究开发人员占月平均职工总数的比例不低于 25%”的规定。

(3)“符合领域的重点集成电路设计企业”是指可以享受减按 10%的税率征收企业所得税优惠政策的国家规划布局内的重点集成电路设计企业，且其符合财税〔2016〕49 号文件第五条第（二）项“在国家规定的重点集成电路设计领域内，汇算清缴年度集成电路设计销售（营业）收入不低于 2 000 万元，应纳税所得额不低于 250 万元，研究开发人员占月平均职工总数的比例不低于 35%，企业在中国境内发生的研发开发费用金额占研究开发费用总额的比例不低于 70%”的规定。

“软件企业”：符合《财政部 国家税务总局 发展改革委 工业和信息化部关于软件和集成电路产业企业所得税优惠政策有关问题的通知》(财税〔2016〕49 号）等文件规定的软件企业、国家规划布局内的重点软件企业。具体说明如下：

(1)“一般软件企业——新办符合条件企业”是指可以享受第一年至第二年免征企业所得税，第三年至第五年按照 25%的法定税率减半征收企业所得税优惠政策的符合条件的软件企业，且其符合财税〔2016〕49 号文件第四条第（四）项“汇算清缴年度软件产品开发销售（营业）收入占企业收入总额的比例不低于 50%，其中：软件产品自主开发销售（营业）收入占企业收入总额的比例不低于 40%”的规定。

(2)“一般软件企业——符合规模条件的重点软件企业”是指可以享受减按 10%的税率征

收企业所得税优惠政策的国家规划布局内的重点软件企业，且其符合财税〔2016〕49号文件第四条第（四）项“汇算清缴年度软件产品开发销售（营业）收入占企业收入总额的比例不低于50%，其中：软件产品自主开发销售（营业）收入占企业收入总额的比例不低于40%”和第六条第（一）项“汇算清缴年度软件产品开发销售（营业）收入不低于2亿元，应纳税所得额不低于1 000万元，研究开发人员占企业月平均职工总数的比例不低于25%”的规定。

（3）“一般软件企业——符合领域条件的重点软件企业”是指可以享受减按10%的税率征收企业所得税优惠政策的国家规划布局内的重点软件企业，且其符合财税〔2016〕49号文件第四条第（四）项“汇算清缴年度软件产品开发销售（营业）收入占企业收入总额的比例不低于50%，其中：软件产品自主开发销售（营业）收入占企业收入总额的比例不低于40%”和第六条第（二）项“在国家规定的重点软件领域内，汇算清缴年度软件产品开发销售（营业）收入不低于5 000万元，应纳税所得额不低于250万元，研究开发人员占企业月平均职工总数的比例不低于25%，企业在中国境内发生的研究开发费用金额占研究开发费用总额的比例不低于70%”的规定。

（4）“一般软件企业——符合出口条件的重点软件企业”是指可以享受减按10%的税率征收企业所得税优惠政策的国家规划布局内的重点软件企业，且其符合财税〔2016〕49号文件第四条第（四）项“汇算清缴年度软件产品开发销售（营业）收入占企业收入总额的比例不低于50%，其中：软件产品自主开发销售（营业）收入占企业收入总额的比例不低于40%”和第六条第（三）项“汇算清缴年度软件出口收入总额不低于800万美元，软件出口收入总额占本企业年度收入总额比例不低于50%，研究开发人员占企业月平均职工总数的比例不低于25%”的规定。

（5）“嵌入式或信息系统集成软件——新办符合条件企业”是指可以享受第一年至第二年免征企业所得税，第三年至第五年按照25%的法定税率减半征收企业所得税优惠政策的符合条件的软件企业，且其符合财税〔2016〕49号文件第四条第（四）项“汇算清缴年度嵌入式软件产品和信息系统集成产品开发销售（营业）收入占企业收入总额的比例不低于40%，其中：嵌入式软件产品和信息系统集成产品自主开发销售（营业）收入占企业收入总额的比例不低于30%”的规定。

（6）“嵌入式或信息系统集成软件——符合规模条件的重点软件企业”是指可以享受减按10%的税率征收企业所得税优惠政策的国家规划布局内的重点软件企业，且其符合财税〔2016〕49号文件第四条第（四）项“汇算清缴年度嵌入式软件产品和信息系统集成产品开发销售（营业）收入占企业收入总额的比例不低于40%，其中：嵌入式软件产品和信息系统集成产品自主开发销售（营业）收入占企业收入总额的比例不低于30%”和第六条第（一）项“汇算清缴年度软件产品开发销售（营业）收入不低于2亿元，应纳税所得额不低于1 000万元，研究开发人员占企业月平均职工总数的比例不低于25%”的规定。

（7）“嵌入式或信息系统集成软件——符合领域条件的重点软件企业”是指可以享受减

按 10%的税率征收企业所得税优惠政策的国家规划布局内的重点软件企业，且其符合财税〔2016〕49 号文件第四条第（四）项“汇算清缴年度嵌入式软件产品和信息系统集成产品开发销售（营业）收入占企业收入总额的比例不低于 40%，其中：嵌入式软件产品和信息系统集成产品自主开发销售（营业）收入占企业收入总额的比例不低于 30%”和第六条第（二）项“在国家规定的重点软件领域内，汇算清缴年度软件产品开发销售（营业）收入不低于 5 000 万元，应纳税所得额不低于 250 万元，研究开发人员占企业月平均职工总数的比例不低于 25%，企业在中国境内发生的研究开发费用金额占研究开发费用总额的比例不低于 70%”的规定。

(8)“嵌入式或信息系统集成软件——符合出口条件的重点软件企业”是指可以享受减按 10%的税率征收企业所得税优惠政策的国家规划布局内的重点软件企业，且其符合财税〔2016〕49 号文件第四条第（四）项“汇算清缴年度嵌入式软件产品和信息系统集成产品开发销售（营业）收入占企业收入总额的比例不低于 40%，其中：嵌入式软件产品和信息系统集成产品自主开发销售（营业）收入占企业收入总额的比例不低于 30%”和第六条第（三）项“汇算清缴年度软件出口收入总额不低于 800 万美元，软件出口收入总额占本企业年度收入总额比例不低于 50%，研究开发人员占企业月平均职工总数的比例不低于 25%”的规定。

“集成电路封装测试企业”：符合《财政部 国家税务总局 发展改革委 工业和信息化部关于进一步鼓励集成电路产业发展企业所得税政策的通知》（财税〔2015〕6 号）规定可以享受企业所得税优惠政策的集成电路封装、测试企业。

“集成电路关键专用材料生产企业”：符合《财政部 国家税务总局 发展改革委 工业和信息化部关于进一步鼓励集成电路产业发展企业所得税政策的通知》（财税〔2015〕6 号）规定可以享受企业所得税优惠政策的集成电路关键专用材料生产企业。

“集成电路专用设备生产企业”：符合《财政部 国家税务总局 发展改革委 工业和信息化部关于进一步鼓励集成电路产业发展企业所得税政策的通知》（财税〔2015〕6 号）规定可以享受企业所得税优惠政策的集成电路专用设备生产企业。

9.“209 集成电路生产项目类型”：纳税人投资集成电路线宽小于 130 纳米或集成电路线宽小于 65 纳米或投资额超过 150 亿元的集成电路生产项目，项目符合《财政部 税务总局 国家发展改革委 工业和信息化部关于集成电路生产企业有关企业所得税政策问题的通知》（财税〔2018〕27 号）等文件规定的税收优惠政策条件，且按照项目享受企业所得税优惠政策的，应填报本项。纳税人投资线宽小于 130 纳米的集成电路生产项目的，选择“130 纳米”；投资线宽小于 65 纳米或投资额超过 150 亿元的集成电路生产项目的，选择“65 纳米”；同时投资上述两类项目的，可同时选择“130 纳米”和“65 纳米”。

纳税人既符合“208 软件、集成电路企业类型”项目又符合“209 集成电路生产项目类型”项目填报条件的，应当同时填报。

10. “210 科技型中小企业”：纳税人根据申报所属期年度和申报所属期下一年度取得的科技型中小企业入库登记编号情况，填报本项目下的“210-1”“210-2”“210-3”“210-4”。如，纳税人在进行 2018 年度企业所得税汇算清缴纳税申报时，“210-1（申报所属期年度）入库编号”首先应当填列“2018（申报所属期年度）入库编号”，“210-3（所属期下一年度）入库编号”首先应当填列“2019（所属期下一年度）入库编号”。若纳税人在 2018 年 1 月 1 日至 2018 年 12 月 31 日之间取得科技型中小企业入库登记编号的，将相应的“编号”及“入库时间”分别填入“210-1”和“210-2”项目中；若纳税人在 2019 年 1 月 1 日至 2018 年度汇算清缴纳税申报日之间取得科技型中小企业入库登记编号的，将相应的“编号”及“入库时间”分别填入“210-3”和“210-4”项目中。纳税人符合上述填报要求的，无论是否享受企业所得税优惠政策，均应填报本项。

11. “211 高新技术企业申报所属期年度有效的高新技术企业证书”：纳税人根据申报所属期年度拥有的有效期内的高新技术企业证书情况，填报本项目下的“211-1”“211-2”“211-3”“211-4”。在申报所属期年度，如企业同时拥有两个高新技术企业证书，则两个证书情况均应填报。如：纳税人 2015 年 10 月取得高新技术企业证书，有效期 3 年，2018 年再次参加认定并于 2018 年 11 月取得新高新技术企业证书，纳税人在进行 2018 年度企业所得税汇算清缴纳税申报时，应将两个证书的“编号”及“发证时间”分别填入“211-1”“211-2”“211-3”“211-4”项目中。纳税人符合上述填报要求的，无论是否享受企业所得税优惠政策，均应填报本项。

12. “212 重组事项税务处理方式”：纳税人在申报所属期年度发生重组事项的，应填报本项。纳税人重组事项按一般性税务处理的，选择“一般性”；重组事项按特殊性税务处理的，选择“特殊性”。

13. “213 重组交易类型”和“214 重组当事方类型”：填报“212 重组事项税务处理方式”的纳税人，应当同时填报“213 重组交易类型”和“214 重组当事方类型”。纳税人根据重组情况从《重组交易类型和当事方类型代码表》中选择相应代码分别填入对应项目中。重组交易类型和当事方类型根据《财政部 国家税务总局关于企业重组业务企业所得税处理若干问题的通知》（财税〔2009〕59 号）、《国家税务总局关于企业重组业务企业所得税征收管理若干问题的公告》（国家税务总局公告 2015 年第 48 号发布、国家税务总局公告 2018 年第 31 号修改）等文件规定判断。

重组交易类型和当事方类型代码表

重组交易		重组当事方	
代码	类型	代码	类型
100	法律形式改变	—	—
200	债务重组	210	债务人
		220	债权人

续表

重组交易		重组当事方	
代码	类型	代码	类型
300	股权收购	310	收购方
		320	转让方
		330	被收购企业
400	资产收购	410	收购方
		420	转让方
500	合并	510	合并企业
		520	被合并企业
		530	被合并企业股东
600	分立	610	分立企业
		620	被分立企业
		630	被分立企业股东

14. “215 政策性搬迁开始时间”：纳税人发生政策性搬迁事项且申报所属期年度处在搬迁期内的，填报政策性搬迁开始的时间。

15 “216 发生政策性搬迁且停止生产经营无所得年度”：纳税人的申报所属期年度处于政策性搬迁期内，且停止生产经营无所得的，选择“是”。

16. “217 政策性搬迁损失分期扣除年度”：纳税人发生政策性搬迁事项出现搬迁损失，按照《企业政策性搬迁所得税管理办法》（国家税务总局公告 2012 年第 40 号发布）等有关规定选择自搬迁完成年度起分 3 个年度均匀在税前扣除的，且申报所属期年度处在分期扣除期间的，选择“是”。

17. “218 发生非货币性资产对外投资递延纳税事项”：纳税人在申报所属期年度发生非货币性资产对外投资递延纳税事项的，选择“是”。

18. “219 非货币性资产对外投资转让所得递延纳税年度”：纳税人以非货币性资产对外投资确认的非货币性资产转让所得，按照《财政部 国家税务总局关于非货币性资产投资企业所得税政策问题的通知》（财税〔2014〕116 号）、《国家税务总局关于非货币性资产投资企业所得税有关征管问题的公告》（国家税务总局公告 2015 年第 33 号）等文件规定，在不超过 5 年期限内分期均匀计入相应年度的应纳税所得额的，且申报所属期年度处在递延纳税期间的，选择“是”。

19. “220 发生技术成果投资入股递延纳税事项”：纳税人在申报所属期年度发生技术入股递延纳税事项的，选择“是”。

20. “221 技术成果投资入股递延纳税年度”：纳税人发生技术入股事项，按照《财政部 国家税务总局关于完善股权激励和技术入股有关所得税政策的通知》（财税〔2016〕101 号）、《国家税务总局关于股权激励和技术入股所得税征管问题的公告》（国家税务总局公告

2016 年第 62 号）等文件规定选择适用递延纳税政策，即在投资入股当期暂不纳税，递延至转让股权时按股权转让收入减去技术成果原值和合理税费后的差额计算缴纳所得税的，且申报所属期年度为转让股权年度的，选择“是”。

21. “222 发生资产（股权）划转特殊性税务处理事项”：纳税人在申报所属期年度发生《财政部 国家税务总局关于促进企业重组有关企业所得税处理问题的通知》（财税〔2014〕109 号）、《国家税务总局关于资产（股权）划转企业所得税征管问题的公告》（国家税务总局公告 2015 年第 40 号）等文件规定的资产（股权）划转特殊性税务处理事项的，选择“是”。

22. “223 债务重组所得递延纳税年度”：纳税人债务重组确认的应纳税所得额按照《财政部 国家税务总局关于企业重组业务企业所得税处理若干问题的通知》（财税〔2009〕59 号）等文件规定，在 5 个纳税年度的期间内，均匀计入各年度的应纳税所得额的，且申报所属期年度处在递延纳税期间的，选择“是”。

三、主要股东及分红情况

纳税人填报本企业投资比例位列前 10 位的股东情况。包括股东名称，证件种类（营业执照、税务登记证、组织机构代码证、身份证、护照等），证件号码（统一社会信用代码、纳税人识别号、组织机构代码号、身份证号、护照号等），投资比例，当年（决议日）分配的股息、红利等权益性投资收益金额，国籍（注册地址）。纳税人股东数量超过 10 位的，应将其余股东有关数据合计后填入“其余股东合计”行次。

纳税人股东为非居民企业的，证件种类和证件号码可不填报。

A100000 中华人民共和国企业所得税年度纳税申报表（A类）

行次	类别	项目	金额
1	利润总额计算	一、营业收入（填写 A101010\101020\103000）	81 126 413.00
2		减：营业成本（填写 A102010\102020\103000）	48 657 852.00
3		减：税金及附加	1 298 033.00
4		减：销售费用（填写 A104000）	15 027 515.00
5		减：管理费用（填写 A104000）	9 871 958.00
6		减：财务费用（填写 A104000）	770 000.00
7		减：资产减值损失	121 666.00
8		加：公允价值变动收益	30 000.00
9		加：投资收益	925 000.00
10		二、营业利润（1－2－3－4－5－6－7＋8＋9）	6 334 389.00
11		加：营业外收入（填写 A101010\101020\103000）	110 600.00
12		减：营业外支出（填写 A102010\102020\103000）	555 600.00
13		三、利润总额（10＋11－12）	5 889 389.00
14	应纳税所得额计算	减：境外所得（填写 A108010）	500 000.00
15		加：纳税调整增加额（填写 A105000）	2 064 310.93
16		减：纳税调整减少额（填写 A105000）	250 622.00
17		减：免税、减计收入及加计扣除（填写 A107010）	1 031 000.00
18		加：境外应税所得抵减境内亏损（填写 A108000）	0.00
19		四、纳税调整后所得（13－14＋15－16－17＋18）	6 172 077.93
20		减：所得减免（填写 A107020）	0.00
21		减：弥补以前年度亏损（填写 A106000）	202 009.30
22		减：抵扣应纳税所得额（填写 A107030）	0.00
23		五、应纳税所得额（19－20－21－22）	5 970 068.63
24	应纳税额计算	税率（25%）	25%
25		六、应纳所得税额（23×24）	1 492 517.16
26		减：减免所得税额（填写 A107040）	0.00
27		减：抵免所得税额（填写 A107050）	0.00
28		七、应纳税额（25－26－27）	1 492 517.16
29		加：境外所得应纳所得税额（填写 A108000）	125 000.00
30		减：境外所得抵免所得税额（填写 A108000）	125 000.00
31		八、实际应纳所得税额（28＋29－30）	1 492 517.16
32		减：本年累计实际已缴纳的所得税额	501 240.00
33		九、本年应补（退）所得税额（31－32）	991 277.16
34		其中：总机构分摊本年应补（退）所得税额（填写 A109000）	
35		财政集中分配本年应补（退）所得税额（填写 A109000）	
36		总机构主体生产经营部门分摊本年应补（退）所得税额（填写 A109000）	

A100000《中华人民共和国企业所得税年度纳税申报表（A类）》填报说明

本表为企业所得税年度纳税申报表的主表，纳税人应当根据《中华人民共和国企业所得税法》及其实施条例（以下简称“税法”）、相关税收政策，以及国家统一会计制度（企业会计准则、小企业会计准则、企业会计制度、事业单位会计准则和民间非营利组织会计制度等）的规定，计算填报利润总额、应纳税所得额和应纳税额等有关项目。

纳税人在计算企业所得税应纳税所得额及应纳税额时，会计处理与税收规定不一致的，应当按照税收规定计算。税收规定不明确的，在没有明确规定之前，暂按国家统一会计制度计算。

一、有关项目填报说明

（一）表体项目

本表是在纳税人会计利润总额的基础上，加减纳税调整等金额后计算出“纳税调整后所得”。会计与税法的差异（包括收入类、扣除类、资产类等差异）通过《纳税调整项目明细表》（A105000）集中填报。

本表包括利润总额计算、应纳税所得额计算、应纳税额计算三个部分。

1. “利润总额计算”中的项目，按照国家统一会计制度规定计算填报。实行企业会计准则、小企业会计准则、企业会计制度、分行业会计制度的纳税人，其数据直接取自《利润表》（另有说明的除外）；实行事业单位会计准则的纳税人，其数据取自《收入支出表》；实行民间非营利组织会计制度的纳税人，其数据取自《业务活动表》；实行其他国家统一会计制度的纳税人，根据本表项目进行分析填报。

2. “应纳税所得额计算”和“应纳税额计算”中的项目，除根据主表逻辑关系计算以外，通过附表相应栏次填报。

（二）行次说明

第1～13行参照国家统一会计制度规定填写。本部分未设“研发费用”“其他收益”“资产处置收益”等项目，对于已执行《财政部关于修订印发2018年度一般企业财务报表格式的通知》（财会〔2018〕15号）的纳税人，在利润表中归集的“研发费用”通过《期间费用明细表》(A104000) 第 19 行“十九、研究费用”的管理费用相应列次填报；在利润表中归集的“其他收益”“资产处置收益”“信用减值损失”“净敞口套期收益”项目则无须填报，同时第 10 行“二、营业利润”不执行“第 10 行＝第 1－2－3－4－5－6－7＋8＋9 行”的表内关系，按照《利润表》“营业利润”项目直接填报。

1. 第 1 行“营业收入”：填报纳税人主要经营业务和其他经营业务取得的收入总额。本行根据“主营业务收入”和“其他业务收入”的数额填报。一般企业纳税人根据《一般企业收入明细表》(A101010) 填报；金融企业纳税人根据《金融企业收入明细表》(A101020) 填报；事业单位、社会团体、民办非企业单位、非营利组织等纳税人根据《事业单位、民间非营利组织收入、支出明细表》(A103000) 填报。

2. 第 2 行“营业成本”项目：填报纳税人主要经营业务和其他经营业务发生的成本总额。本行根据“主营业务成本”和“其他业务成本”的数额填报。一般企业纳税人根据《一般企业成本支出明细表》(A102010) 填报；金融企业纳税人根据《金融企业支出明细表》(A102020) 填报；事业单位、社会团体、民办非企业单位、非营利组织等纳税人，根据《事业单位、民间非营利组织收入、支出明细表》(A103000) 填报。

3. 第 3 行“税金及附加”：填报纳税人经营活动发生的消费税、城市维护建设税、资源税、土地增值税和教育费附加等相关税费。本行根据纳税人相关会计科目填报。纳税人在其他会计科目核算的税金不得重复填报。

4. 第 4 行“销售费用”：填报纳税人在销售商品和材料、提供劳务的过程中发生的各种费用。本行根据《期间费用明细表》(A104000) 中对应的“销售费用”填报。

5. 第 5 行“管理费用”：填报纳税人为组织和管理企业生产经营发生的管理费用。本行根据《期间费用明细表》(A104000) 中对应的“管理费用”填报。

6. 第 6 行“财务费用”：填报纳税人为筹集生产经营所需资金等发生的筹资费用。本行根据《期间费用明细表》(A104000) 中对应的“财务费用”填报。

7. 第 7 行“资产减值损失”：填报纳税人计提各项资产准备发生的减值损失。本行根据企业“资产减值损失”科目上的数额填报。实行其他会计制度的比照填报。

8. 第 8 行“公允价值变动收益”：填报纳税人在初始确认时划分为以公允价值计量且其变动计入当期损益的金融资产或金融负债（包括交易性金融资产或负债，直接指定为以公允价值计量且其变动计入当期损益的金融资产或金融负债），以及采用公允价值模式计量的投资性房地产、衍生工具和套期业务中公允价值变动形成的应计入当期损益的利得或损失。本行根据企业“公允价值变动损益”科目的数额填报，损失以“－”号填列。

9. 第 9 行“投资收益”：填报纳税人以各种方式对外投资所取得的收益或发生的损失。根据企业“投资收益”科目的数额计算填报，实行事业单位会计准则的纳税人根据“其他收入”科目中的投资收益金额分析填报，损失以“－”号填列。实行其他会计制度的纳税人比照填报。

10. 第10行“营业利润”：填报纳税人当期的营业利润。根据上述项目计算填报。已执行《财政部关于修订印发2018年度一般企业财务报表格式的通知》（财会〔2018〕15号）的纳税人，根据《利润表》对应项目填列。

11. 第11行“营业外收入”：填报纳税人取得的与其经营活动无直接关系的各项收入的金额。一般企业纳税人根据《一般企业收入明细表》（A101010）填报；金融企业纳税人根据《金融企业收入明细表》（A101020）填报；实行事业单位会计准则或民间非营利组织会计制度的纳税人根据《事业单位、民间非营利组织收入、支出明细表》（A103000）填报。

12. 第12行“营业外支出”：填报纳税人发生的与其经营活动无直接关系的各项支出的金额。一般企业纳税人根据《一般企业成本支出明细表》（A102010）填报；金融企业纳税人根据《金融企业支出明细表》（A102020）填报；实行事业单位会计准则或民间非营利组织会计制度的纳税人根据《事业单位、民间非营利组织收入、支出明细表》（A103000）填报。

13. 第13行“利润总额”：填报纳税人当期的利润总额。根据上述项目计算填报。

14. 第14行“境外所得”：填报纳税人取得的境外所得且已计入利润总额的金额。本行根据《境外所得纳税调整后所得明细表》（A108010）填报。

15. 第15行“纳税调整增加额”：填报纳税人会计处理与税收规定不一致，进行纳税调整增加的金额。本行根据《纳税调整项目明细表》（A105000）“调增金额”列填报。

16. 第16行“纳税调整减少额”：填报纳税人会计处理与税收规定不一致，进行纳税调整减少的金额。本行根据《纳税调整项目明细表》（A105000）“调减金额”列填报。

17. 第17行“免税、减计收入及加计扣除”：填报属于税收规定免税收入、减计收入、加计扣除金额。本行根据《免税、减计收入及加计扣除优惠明细表》（A107010）填报。

18. 第18行“境外应税所得抵减境内亏损”：当纳税人选择不用境外所得抵减境内亏损时，填报0；当纳税人选择用境外所得抵减境内亏损时，填报境外所得抵减当年度境内亏损的金额。用境外所得弥补以前年度境内亏损的，还需填报《企业所得税弥补亏损明细表》（A106000）和《境外所得税收抵免明细表》（A108000）。

19. 第19行“纳税调整后所得”：填报纳税人经过纳税调整、税收优惠、境外所得计算后的所得额。

20. 第20行“所得减免”：填报属于税收规定的所得减免金额。本行根据《所得减免优惠明细表》（A107020）填报。

21. 第21行“弥补以前年度亏损”：填报纳税人按照税收规定可在税前弥补的以前年度亏损数额。本行根据《企业所得税弥补亏损明细表》（A106000）填报。

22. 第22行“抵扣应纳税所得额”：填报根据税收规定应抵扣的应纳税所得额。本行根据《抵扣应纳税所得额明细表》（A107030）填报。

23. 第23行“应纳税所得额”：填报第19－20－21－22行金额。按照上述行次顺序计算结果为负数的，本行按0填报。

24. 第 24 行“税率”：填报税收规定的税率 25%。

25. 第 25 行“应纳所得税额”：填报第 23×24 行金额。

26. 第 26 行“减免所得税额”：填报纳税人按税收规定实际减免的企业所得税额。本行根据《减免所得税优惠明细表》（A107040）填报。

27. 第 27 行“抵免所得税额”：填报企业当年的应纳所得税额中抵免的金额。本行根据《税额抵免优惠明细表》（A107050）填报。

28. 第 28 行“应纳税额”：填报第 25－26－27 行金额。

29. 第 29 行“境外所得应纳所得税额”：填报纳税人来源于中国境外的所得，按照我国税收规定计算的应纳所得税额。本行根据《境外所得税收抵免明细表》（A108000）填报。

30. 第 30 行“境外所得抵免所得税额”：填报纳税人来源于中国境外所得依照中国境外税收法律以及相关规定应缴纳并实际缴纳（包括视同已实际缴纳）的企业所得税性质的税款（准予抵免税款）。本行根据《境外所得税收抵免明细表》（A108000）填报。

31. 第 31 行“实际应纳所得税额”：填报第 28＋29－30 行金额。其中，跨地区经营企业类型为“分支机构（须进行完整年度申报并按比例纳税）”的纳税人，填报（第 28＋29－30 行）×“分支机构就地纳税比例”金额。

32. 第 32 行“本年累计实际已缴纳的所得税额”：填报纳税人按照税收规定本纳税年度已在月（季）度累计预缴的所得税额，包括按照税收规定的特定业务已预缴（征）的所得税额，建筑企业总机构直接管理的跨地区设立的项目部按规定向项目所在地主管税务机关预缴的所得税额。

33. 第 33 行“本年应补（退）的所得税额”：填报第 31－32 行金额。

34. 第 34 行“总机构分摊本年应补（退）所得税额”：填报汇总纳税的总机构按照税收规定在总机构所在地分摊本年应补（退）所得税额。本行根据《跨地区经营汇总纳税企业年度分摊企业所得税明细表》（A109000）填报。

35. 第 35 行“财政集中分配本年应补（退）所得税额”：填报汇总纳税的总机构按照税收规定财政集中分配本年应补（退）所得税款。本行根据《跨地区经营汇总纳税企业年度分摊企业所得税明细表》（A109000）填报。

36. 第 36 行“总机构主体生产经营部门分摊本年应补（退）所得税额”：填报汇总纳税的总机构所属的具有主体生产经营职能的部门按照税收规定应分摊的本年应补（退）所得税额。本行根据《跨地区经营汇总纳税企业年度分摊企业所得税明细表》（A109000）填报。

二、表内、表间关系

（一）表内关系

1. 第 10 行＝第 1－2－3－4－5－6－7＋8＋9 行。已执行财会〔2018〕15 号文件的纳

税人，不执行本规则。

2. 第 13 行＝第 10＋11－12 行。

3. 第 19 行＝第 13－14＋15－16－17＋18 行。

4. 第 23 行＝第 19－20－21－22 行。

5. 第 25 行＝第 23×24 行。

6. 第 28 行＝第 25－26－27 行。

7. 第 31 行＝第 28＋29－30 行。其中，跨地区经营企业类型为“分支机构（须进行完整年度申报并按比例纳税）”的纳税人，第 31 行＝(第 28＋29－30 行)×表 A000000“102 分支机构就地纳税比例”。

8. 第 33 行＝第 31－32 行。

（二）表间关系

1. 第 1 行＝表 A101010 第 1 行或表 A101020 第 1 行或表 A103000 第 2＋3＋4＋5＋6 行或表 A103000 第 11＋12＋13＋14＋15 行。

2. 第 2 行＝表 A102010 第 1 行或表 A102020 第 1 行或表 A103000 第 19＋20＋21＋22 行或表 A103000 第 25＋26＋27 行。

3. 第 4 行＝表 A104000 第 26 行第 1 列。

4. 第 5 行＝表 A104000 第 26 行第 3 列。

5. 第 6 行＝表 A104000 第 26 行第 5 列。

6. 第 9 行＝表 A103000 第 8 行或者第 16 行（仅限于填报表 A103000 的纳税人，其他纳税人根据财务核算情况自行填写）。

7. 第 11 行＝表 A101010 第 16 行或表 A101020 第 35 行或表 A103000 第 9 行或第 17 行。

8. 第 12 行＝表 A102010 第 16 行或表 A102020 第 33 行或表 A103000 第 23 行或第 28 行。

9. 第 14 行＝表 A108010 第 14 列合计－第 11 列合计。

10. 第 15 行＝表 A105000 第 45 行第 3 列。

11. 第 16 行＝表 A105000 第 45 行第 4 列。

12. 第 17 行＝表 A107010 第 31 行。

13. 第 18 行：

（1）当第 13－14＋15－16－17 行≥0，第 18 行＝0；

（2）当第 13－14＋15－16－17＜0 且表 A108000 第 5 列合计行≥0，表 A108000 第 6 列合计行＞0 时，第 18 行＝表 A108000 第 5 列合计行与表 A100000 第 13－14＋15－16－17 行绝对值的孰小值；

(3) 当第 13－14＋15－16－17＜0 且表 A108000 第 5 列合计行≥0，表 A108000 第 6 列合计行＝0 时，第 18 行＝0。

14. 第 20 行：

当第 19 行≤0 时，第 20 行＝0；

当第 19 行＞0 时，

(1) 第 19 行≥表 A107020 合计行第 11 列，第 20 行＝表 A107020 合计行第 11 列；

(2) 第 19 行＜表 A107020 合计行第 11 列，第 20 行＝第 19 行。

15. 第 21 行＝表 A106000 第 11 行第 9 列。

16. 第 22 行＝表 A107030 第 15 行第 1 列。

17. 第 26 行＝表 A107040 第 33 行。

18. 第 27 行＝表 A107050 第 7 行第 11 列。

19. 第 29 行＝表 A108000 合计行第 9 列。

20. 第 30 行＝表 A108000 合计行第 19 列。

21. 第 34 行＝表 A109000 第 12＋16 行。

22. 第 35 行＝表 A109000 第 13 行。

23. 第 36 行＝表 A109000 第 15 行。

A101010 一般企业收入明细表

行次	项目	金额
1	一、营业收入（2+9）	81 126 413.00
2	（一）主营业务收入（3+5+6+7+8）	79 666 415.00
3	1. 销售商品收入	79 666 415.00
4	其中：非货币性资产交换收入	0.00
5	2. 提供劳务收入	
6	3. 建造合同收入	
7	4. 让渡资产使用权收入	
8	5. 其他	
9	（二）其他业务收入（10+12+13+14+15）	1 459 998.00
10	1. 销售材料收入	1 018 378.00
11	其中：非货币性资产交换收入	0.00
12	2. 出租固定资产收入	120 000.00
13	3. 出租无形资产收入	
14	4. 出租包装物和商品收入	68 370.00
15	5. 其他	253 250.00
16	二、营业外收入（17+18+19+20+21+22+23+24+25+26）	110 600.00
17	（一）非流动资产处置利得	
18	（二）非货币性资产交换利得	
19	（三）债务重组利得	
20	（四）政府补助利得	
21	（五）盘盈利得	
22	（六）捐赠利得	
23	（七）罚没利得	
24	（八）确实无法偿付的应付款项	110 600.00
25	（九）汇兑收益	
26	（十）其他	

A101010《一般企业收入明细表》填报说明

本表适用于除金融企业、事业单位和民间非营利组织外的企业填报。纳税人应根据国家统一会计制度的规定，填报“主营业务收入”、“其他业务收入”和“营业外收入”。

一、有关项目填报说明

1. 第 1 行“营业收入”：根据主营业务收入、其他业务收入的数额计算填报。

2. 第 2 行“主营业务收入”：根据不同行业的业务性质分别填报纳税人核算的主营业务收入。

3. 第 3 行“销售商品收入”：填报纳税人从事工业制造、商品流通、农业生产以及其他商品销售活动取得的主营业务收入。房地产开发企业销售开发产品（销售未完工开发产品除外）取得的收入也在此行填报。

4. 第 4 行“其中：非货币性资产交换收入”：填报纳税人发生的非货币性资产交换按照国家统一会计制度应确认的销售商品收入。

5. 第 5 行“提供劳务收入”：填报纳税人从事建筑安装、修理修配、交通运输、仓储租赁、邮电通信、咨询经纪、文化体育、科学研究、技术服务、教育培训、餐饮住宿、中介代理、卫生保健、社区服务、旅游、娱乐、加工以及其他劳务活动取得的主营业务收入。

6. 第 6 行“建造合同收入”：填报纳税人建造房屋、道路、桥梁、水坝等建筑物，以及生产船舶、飞机、大型机械设备等取得的主营业务收入。

7. 第 7 行“让渡资产使用权收入”：填报纳税人在主营业务收入核算的，让渡无形资产使用权而取得的使用费收入以及出租固定资产、无形资产、投资性房地产取得的租金收入。

8. 第 8 行“其他”：填报纳税人按照国家统一会计制度核算、上述未列举的其他主营业务收入。

9. 第 9 行“其他业务收入”：填报根据不同行业的业务性质分别填报纳税人核算的其他业务收入。

10. 第 10 行“销售材料收入”：填报纳税人销售材料、下脚料、废料、废旧物资等取得的收入。

11. 第 11 行“其中：非货币性资产交换收入”：填报纳税人发生的非货币性资产交换按照国家统一会计制度应确认的材料销售收入。

12. 第 12 行“出租固定资产收入”：填报纳税人将固定资产使用权让与承租人获取的其他业务收入。

13. 第 13 行“出租无形资产收入”：填报纳税人让渡无形资产使用权取得的其他业务收入。

14. 第 14 行“出租包装物和商品收入”：填报纳税人出租、出借包装物和商品取得的其他业务收入。

15. 第 15 行“其他”：填报纳税人按照国家统一会计制度核算，上述未列举的其他业务收入。

16. 第 16 行“营业外收入”：填报纳税人计入本科目核算的与生产经营无直接关系的各项收入。

17. 第 17 行“非流动资产处置利得”：填报纳税人处置固定资产、无形资产等取得的净收益。

18. 第 18 行“非货币性资产交换利得”：填报纳税人发生非货币性资产交换应确认的净收益。

19. 第 19 行“债务重组利得”：填报纳税人发生的债务重组业务确认的净收益。

20. 第 20 行“政府补助利得”：填报纳税人从政府无偿取得货币性资产或非货币性资产应确认的净收益。

21. 第 21 行“盘盈利得”：填报纳税人在清查财产过程中查明的各种财产盘盈应确认的净收益。

22. 第 22 行“捐赠利得”：填报纳税人接受的来自企业、组织或个人无偿给予的货币性资产、非货币性资产捐赠应确认的净收益。

23. 第 23 行“罚没利得”：填报纳税人在日常经营管理活动中取得的罚款、没收收入应确认的净收益。

24. 第 24 行“确实无法偿付的应付款项”：填报纳税人因确实无法偿付的应付款项而确认的收入。

25. 第 25 行“汇兑收益”：填报纳税人取得企业外币货币性项目因汇率变动形成的收益应确认的收入。（该项目为执行小企业会计准则企业填报）

26. 第 26 行“其他”：填报纳税人取得的上述项目未列举的其他营业外收入，包括执行企业会计准则纳税人按权益法核算长期股权投资对初始投资成本调整确认的收益，执行小企业会计准则纳税人取得的出租包装物和商品的租金收入、逾期未退包装物押金收益等。

二、表内、表间关系

（一）表内关系

1. 第1行＝第2＋9行。
2. 第2行＝第3＋5＋6＋7＋8行。
3. 第9行＝第10＋12＋13＋14＋15行。
4. 第16行＝第17＋18＋19＋20＋21＋22＋23＋24＋25＋26行。

（二）表间关系

1. 第1行＝表A100000第1行。
2. 第16行＝表A100000第11行。

A102010 一般企业成本支出明细表

行次	项目	金额
1	一、营业成本（2+9）	48 657 852.00
2	（一）主营业务成本（3+5+6+7+8）	47 647 763.00
3	1. 销售商品成本	47 647 763.00
4	其中：非货币性资产交换成本	0.00
5	2. 提供劳务成本	
6	3. 建造合同成本	
7	4. 让渡资产使用权成本	
8	5. 其他	
9	（二）其他业务成本（10+12+13+14+15）	1 010 089.00
10	1. 销售材料成本	726 866.00
11	其中：非货币性资产交换成本	
12	2. 出租固定资产成本	80 000.00
13	3. 出租无形资产成本	
14	4. 包装物出租成本	51 273.00
15	5. 其他	151 950.00
16	二、营业外支出（17+18+19+20+21+22+23+24+25+26）	555 600.00
17	（一）非流动资产处置损失	
18	（二）非货币性资产交换损失	
19	（三）债务重组损失	
20	（四）非常损失	
21	（五）捐赠支出	350 000.00
22	（六）赞助支出	100 000.00
23	（七）罚没支出	45 600.00
24	（八）坏账损失	
25	（九）无法收回的债券股权投资损失	
26	（十）其他	60 000.00

A102010《一般企业成本支出明细表》填报说明

本表适用于除金融企业、事业单位和民间非营利组织外的企业填报。纳税人应根据国家统一会计制度的规定，填报“主营业务成本”、“其他业务成本”和“营业外支出”。

一、有关项目填报说明

1. 第1行“营业成本”：填报纳税人主要经营业务和其他经营业务发生的成本总额。本行根据“主营业务成本”和“其他业务成本”的数额计算填报。

2. 第2行“主营业务成本”：根据不同行业的业务性质分别填报纳税人核算的主营业务成本。

3. 第3行“销售商品成本”：填报纳税人从事工业制造、商品流通、农业生产以及其他商品销售活动发生的主营业务成本。房地产开发企业销售开发产品（销售未完工开发产品除外）发生的成本也在此行填报。

4. 第4行“其中：非货币性资产交换成本”：填报纳税人发生的非货币性资产交换按照国家统一会计制度应确认的销售商品成本。

5. 第5行“提供劳务成本”：填报纳税人从事建筑安装、修理修配、交通运输、仓储租赁、邮电通信、咨询经纪、文化体育、科学研究、技术服务、教育培训、餐饮住宿、中介代理、卫生保健、社区服务、旅游、娱乐、加工以及其他劳务活动发生的主营业务成本。

6. 第6行“建造合同成本”：填报纳税人建造房屋、道路、桥梁、水坝等建筑物，以及生产船舶、飞机、大型机械设备等发生的主营业务成本。

7. 第7行“让渡资产使用权成本”：填报纳税人在主营业务成本核算的，让渡无形资产使用权而发生的使用费成本以及出租固定资产、无形资产、投资性房地产发生的租金成本。

8. 第8行“其他”：填报纳税人按照国家统一会计制度核算、上述未列举的其他主营业务成本。

9. 第9行“其他业务成本”：根据不同行业的业务性质分别填报纳税人按照国家统一会计制度核算的其他业务成本。

10. 第10行“销售材料成本”：填报纳税人销售材料、下脚料、废料、废旧物资等发生的成本。

11. 第11行“其中：非货币性资产交换成本”：填报纳税人发生的非货币性资产交换按

照国家统一会计制度应确认的材料销售成本。

12. 第12行“出租固定资产成本”：填报纳税人将固定资产使用权让与承租人形成的出租固定资产成本。

13. 第13行“出租无形资产成本”：填报纳税人让渡无形资产使用权形成的出租无形资产成本。

14. 第14行“包装物出租成本”：填报纳税人出租、出借包装物形成的包装物出租成本。

15. 第15行“其他”：填报纳税人按照国家统一会计制度核算，上述未列举的其他业务成本。

16. 第16行“营业外支出”：填报纳税人计入本科目核算的与生产经营无直接关系的各项支出。

17. 第17行“非流动资产处置损失”：填报纳税人处置非流动资产形成的净损失。

18. 第18行“非货币性资产交换损失”：填报纳税人发生非货币性资产交换应确认的净损失。

19. 第19行“债务重组损失”：填报纳税人进行债务重组应确认的净损失。

20. 第20行“非常损失”：填报纳税人在营业外支出中核算的各项非正常的财产损失。

21. 第21行“捐赠支出”：填报纳税人无偿给予其他企业、组织或个人的货币性资产、非货币性资产的捐赠支出。

22. 第22行“赞助支出”：填报纳税人发生的货币性资产、非货币性资产赞助支出。

23. 第23行“罚没支出”：填报纳税人在日常经营管理活动中对外支付的各项罚款、没收收入的支出。

24. 第24行“坏账损失”：填报纳税人发生的各项坏账损失。（该项目为使用小企业会计准则企业填报）

25. 第25行“无法收回的债券股权投资损失”：填报纳税人各项无法收回的债券股权投资损失。（该项目为使用小企业会计准则企业填报）

26. 第26行“其他”：填报纳税人本期实际发生的在营业外支出核算的其他损失及支出。

二、表内、表间关系

（一）表内关系

1. 第1行＝第2＋9行。
2. 第2行＝第3＋5＋6＋7＋8行。
3. 第9行＝第10＋12＋13＋14＋15行。

4. 第 16 行=第 17+18+…+26 行。

(二)表间关系

1. 第 1 行=表 A100000 第 2 行。
2. 第 16 行=表 A100000 第 12 行。

A104000 期间费用明细表

行次	项目	销售费用	其中：境外支付	管理费用	其中：境外支付	财务费用	其中：境外支付
		1	2	3	4	5	6
1	一、职工薪酬	2 986 497.00	*	5 972 040.00	*	*	*
2	二、劳务费					*	*
3	三、咨询顾问费			315 000.00	0.00	*	*
4	四、业务招待费		*	802 525.00	*	*	*
5	五、广告费和业务宣传费	11 817 568.00	*		*	*	*
6	六、佣金和手续费						
7	七、资产折旧摊销费	152 000.00	*	708 000.00	*	*	*
8	八、财产损耗、盘亏及毁损损失		*		*	*	*
9	九、办公费		*	205 060.00	*	*	*
10	十、董事会费		*	600 000.00	*	*	*
11	十一、租赁费					*	*
12	十二、诉讼费		*	365 000.00	*	*	*
13	十三、差旅费		*	384 033.00	*	*	*
14	十四、保险费		*	110 000.00	*	*	*
15	十五、运输、仓储费					*	*
16	十六、修理费					*	*
17	十七、包装费		*		*	*	*
18	十八、技术转让费					*	*
19	十九、研究费用					*	*
20	二十、各项税费		*		*	*	*
21	二十一、利息收支	*	*	*	*	770 000.00	0.00
22	二十二、汇兑差额	*	*	*	*		
23	二十三、现金折扣	*	*	*	*		*
24	二十四、党组织工作经费	*	*	156 000.00	*	*	*
25	二十五、其他	71 450.00	0.00	254 300.00	0.00	0.00	0.00
26	合计（1+2+3+…+25）	15 027 515.00	0.00	9 871 958.00	0.00	770 000.00	0.00

A104000《期间费用明细表》填报说明

本表适用于执行企业会计准则、小企业会计准则、企业会计制度、分行业会计制度的查账征收居民纳税人填报。纳税人应根据企业会计准则、小企业会计准则、企业会计、分行业会计制度规定，填报“销售费用”、“管理费用”和“财务费用”等项目。

一、有关项目填报说明

1. 第1列“销售费用”：填报在销售费用科目进行核算的相关明细项目的金额，其中金融企业填报在业务及管理费科目进行核算的相关明细项目的金额。

2. 第2列“其中：境外支付”：填报在销售费用科目进行核算的向境外支付的相关明细项目的金额，其中金融企业填报在业务及管理费科目进行核算的相关明细项目的金额。

3. 第3列“管理费用”：填报在管理费用科目进行核算的相关明细项目的金额。

4. 第4列“其中：境外支付”：填报在管理费用科目进行核算的向境外支付的相关明细项目的金额。

5. 第5列“财务费用”：填报在财务费用科目进行核算的有关明细项目的金额。

6. 第6列“其中：境外支付”：填报在财务费用科目进行核算的向境外支付的有关明细项目的金额。

7. 第1行至第25行：根据费用科目核算的具体项目金额进行填报，如果贷方发生额大于借方发生额，应填报负数。

8. 第26行第1列：填报第1行至第25行第1列的合计金额。

9. 第26行第2列：填报第1行至第25行第2列的合计金额。

10. 第26行第3列：填报第1行至第25行第3列的合计金额。

11. 第26行第4列：填报第1行至第25行第4列的合计金额。

12. 第26行第5列：填报第1行至第25行第5列的合计金额。

13. 第26行第6列：填报第1行至第25行第6列的合计金额。

二、表内、表间关系

（一）表内关系

1. 第 26 行第 1 列＝第 1 列第 1＋2＋…＋20＋25 行。
2. 第 26 行第 2 列＝第 2 列第 2＋3＋6＋11＋15＋16＋18＋19＋25 行。
3. 第 26 行第 3 列＝第 3 列第 1＋2＋…＋20＋24＋25 行。
4. 第 26 行第 4 列＝第 4 列第 2＋3＋6＋11＋15＋16＋18＋19＋25 行。
5. 第 26 行第 5 列＝第 5 列第 6＋21＋22＋23＋25 行。
6. 第 26 行第 6 列＝第 6 列第 6＋21＋22＋25 行。

（二）表间关系

1. 第 26 行第 1 列＝表 A100000 第 4 行。
2. 第 26 行第 3 列＝表 A100000 第 5 行。
3. 第 26 行第 5 列＝表 A100000 第 6 行。

A105000

纳税调整项目明细表

行次	项目	账载金额	税收金额	调增金额	调减金额
		1	2	3	4
1	一、收入类调整项目（2＋3＋…＋8＋10＋11）	*	*	940 000.00	30 000.00
2	（一）视同销售收入（填写 A105010）	*	300 000.00	300 000.00	*
3	（二）未按权责发生制原则确认的收入（填写 A105020）	120 000.00	360 000.00	240 000.00	
4	（三）投资收益（填写 A105030）	925 000.00	1 325 000.00	400 000.00	
5	（四）按权益法核算长期股权投资对初始投资成本调整确认收益	*	*	*	
6	（五）交易性金融资产初始投资调整	*	*		*
7	（六）公允价值变动净损益	30 000.00	*		30 000.00
8	（七）不征税收入	*	*		
9	其中：专项用途财政性资金（填写 A105040）	*	*		
10	（八）销售折扣、折让和退回				
11	（九）其他				
12	二、扣除类调整项目（13＋14＋…＋24＋26＋27＋28＋29＋30）	*	*	1 002 644.93	220 622.00
13	（一）视同销售成本（填写 A105010）	*	108 000.00	*	108 000.00
14	（二）职工薪酬（填写 A105050）	29 997 417.00	29 575 765.00	421 652.00	
15	（三）业务招待费支出	802 525.00	407 132.07	395 392.93	*
16	（四）广告费和业务宣传费支出（填写 A105060）	*	*		112 622.00
17	（五）捐赠支出（填写 A105070）	350 000.00	350 000.00	0.00	
18	（六）利息支出	770 000.00	730 000.00	40 000.00	
19	（七）罚金、罚款和被没收财物的损失	45 600.00	*	45 600.00	*
20	（八）税收滞纳金、加收利息		*		*
21	（九）赞助支出	100 000.00	*	100 000.00	*
22	（十）与未实现融资收益相关在当期确认的财务费用				
23	（十一）佣金和手续费支出				*
24	（十二）不征税收入用于支出所形成的费用	*	*		*

续表

行次	项目	账载金额	税收金额	调增金额	调减金额
		1	2	3	4
25	其中：专项用途财政性资金用于支出所形成的费用（填写A105040）	*	*		*
26	（十三）跨期扣除项目				
27	（十四）与取得收入无关的支出		*		*
28	（十五）境外所得分摊的共同支出	*	*		*
29	（十六）党组织工作经费	156 000.00	156 000.00	0.00	
30	（十七）其他				
31	三、资产类调整项目（32+33+34+35）	*	*	121 666.00	0.00
32	（一）资产折旧、摊销（填写A105080）	3 170 000.00	3 170 000.00	0.00	
33	（二）资产减值准备金	121 666.00	*	121 666.00	
34	（三）资产损失（填写A105090）				
35	（四）其他				
36	四、特殊事项调整项目（37+38+…+42）	*	*		
37	（一）企业重组及递延纳税事项（填写A105100）				
38	（二）政策性搬迁（填写A105110）	*	*		
39	（三）特殊行业准备金（填写A105120）				
40	（四）房地产开发企业特定业务计算的纳税调整额（填写A105010）	*			
41	（五）合伙企业法人合伙人应分得的应纳税所得额				
42	（六）其他	*	*		
43	五、特别纳税调整应税所得	*	*		
44	六、其他	*	*		
45	合计（1+12+31+36+43+44）	*	*	2 064 310.93	250 622.00

A105000《纳税调整项目明细表》填报说明

本表由纳税人根据税法、相关税收规定以及国家统一会计制度的规定，填报企业所得税涉税事项的会计处理、税务处理以及纳税调整情况。

一、有关项目填报说明

纳税人按照“收入类调整项目”“扣除类调整项目”“资产类调整项目”“特殊事项调整项目”“特别纳税调整应税所得”“其他”六类分项填报，汇总计算出纳税“调增金额”和“调减金额”的合计金额。

数据栏分别设置“账载金额”“税收金额”“调增金额”“调减金额”四个栏次。“账载金额”是指纳税人按照国家统一会计制度规定核算的项目金额。“税收金额”是指纳税人按照税收规定计算的项目金额。

对需填报下级明细表的纳税调整项目，其“账载金额”“税收金额”“调增金额”“调减金额”根据相应附表进行计算填报。

（一）收入类调整项目

1. 第1行“一、收入类调整项目”：根据第2行至第11行（不含第9行）进行填报。

2. 第2行“（一）视同销售收入”：根据《视同销售和房地产开发企业特定业务纳税调整明细表》（A105010）填报。第2列“税收金额”填报表A105010第1行第1列金额。第3列“调增金额”填报表A105010第1行第2列金额。

3. 第3行“（二）未按权责发生制原则确认的收入”：根据《未按权责发生制确认收入纳税调整明细表》（A105020）填报。第1列“账载金额”填报表A105020第14行第2列金额。第2列“税收金额”填报表A105020第14行第4列金额。若表A105020第14行第6列≥0，第3列“调增金额”填报表A105020第14行第6列金额。若表A105020第14行第6列<0，第4列“调减金额”填报表A105020第14行第6列金额的绝对值。

4. 第4行“（三）投资收益”：根据《投资收益纳税调整明细表》（A105030）填报。第1列“账载金额”填报表A105030第10行第1+8列的合计金额。第2列“税收金额”填报表A105030第10行第2+9列的合计金额。若表A105030第10行第11列≥0，第3列“调增金额”填报表A105030第10行第11列金额。若表A105030第10行第11列<0，第4列

“调减金额”填报表 A105030 第 10 行第 11 列金额的绝对值。

5. 第 5 行“（四）按权益法核算长期股权投资对初始投资成本调整确认收益”：第 4 列“调减金额”填报纳税人采取权益法核算，初始投资成本小于取得投资时应享有被投资单位可辩认净资产公允价值份额的差额计入取得投资当期营业外收入的金额。

6. 第 6 行“（五）交易性金融资产初始投资调整”：第 3 列“调增金额”填报纳税人根据税收规定确认交易性金融资产初始投资金额与会计核算的交易性金融资产初始投资账面价值的差额。

7. 第 7 行“（六）公允价值变动净损益”：第 1 列“账载金额”填报纳税人会计核算的以公允价值计量的金融资产、金融负债以及投资性房地产类项目，计入当期损益的公允价值变动金额。若第 1 列≤0，第 3 列“调增金额”填报第 1 列金额的绝对值。若第 1 列＞0，第 4 列“调减金额”填报第 1 列金额。

8. 第 8 行“（七）不征税收入”：填报纳税人计入收入总额但属于税收规定不征税的财政拨款、依法收取并纳入财政管理的行政事业性收费以及政府性基金和国务院规定的其他不征税收入。第 3 列“调增金额”填报纳税人以前年度取得财政性资金且已作为不征税收入处理，在 5 年（60 个月）内未发生支出且未缴回财政部门或其他拨付资金的政府部门，应计入应税收入额的金额。第 4 列“调减金额”填报符合税收规定不征税收入条件并作为不征税收入处理，且已计入当期损益的金额。

9. 第 9 行“专项用途财政性资金”：根据《专项用途财政性资金纳税调整明细表》（A105040）填报。第 3 列“调增金额”填报表 A105040 第 7 行第 14 列金额。第 4 列“调减金额”填报表 A105040 第 7 行第 4 列金额。

10. 第 10 行“（八）销售折扣、折让和退回”：填报不符合税收规定的销售折扣、折让应进行纳税调整的金额和发生的销售退回因会计处理与税收规定有差异需纳税调整的金额。第 1 列“账载金额”填报纳税人会计核算的销售折扣、折让金额和销货退回的追溯处理的净调整额。第 2 列“税收金额”填报根据税收规定可以税前扣除的折扣、折让的金额和销货退回业务影响当期损益的金额。若第 1 列≥第 2 列，第 3 列“调增金额”填报第 1－2 列金额。若第 1 列＜第 2 列，第 4 列“调减金额”填报第 1－2 列金额的绝对值，第 4 列仅为销货退回影响损益的跨期时间性差异。

11. 第 11 行“（九）其他”：填报其他因会计处理与税收规定有差异需纳税调整的收入类项目金额。若第 2 列≥第 1 列，第 3 列“调增金额”填报第 2－1 列金额。若第 2 列＜第 1 列，第 4 列“调减金额”填报第 2－1 列金额的绝对值。

（二）扣除类调整项目

12. 第 12 行“二、扣除类调整项目”：根据第 13 行至第 30 行（不含第 25 行）填报。

13. 第 13 行“（一）视同销售成本”：根据《视同销售和房地产开发企业特定业务纳税

调整明细表》（A105010）填报。第 2 列“税收金额”填报表 A105010 第 11 行第 1 列金额。第 4 列“调减金额”填报表 A105010 第 11 行第 2 列的绝对值。

14. 第 14 行“（二）职工薪酬”：根据《职工薪酬支出及纳税调整明细表》（A105050）填报。第 1 列“账载金额”填报表 A105050 第 13 行第 1 列金额。第 2 列“税收金额”填报表 A105050 第 13 行第 5 列金额。若表 A105050 第 13 行第 6 列≥0，第 3 列“调增金额”填报表 A105050 第 13 行第 6 列金额。若表 A105050 第 13 行第 6 列<0，第 4 列“调减金额”填报表 A105050 第 13 行第 6 列金额的绝对值。

15. 第 15 行“（三）业务招待费支出”：第 1 列“账载金额”填报纳税人会计核算计入当期损益的业务招待费金额。第 2 列“税收金额”填报按照税收规定允许税前扣除的业务招待费支出的金额。第 3 列“调增金额”填报第 1－2 列金额。

16. 第 16 行“（四）广告费和业务宣传费支出”：根据《广告费和业务宣传费跨年度纳税调整明细表》（A105060）填报。若表 A105060 第 12 行≥0，第 3 列“调增金额”填报表 A105060 第 12 行金额。若表 A105060 第 12 行<0，第 4 列“调减金额”填报表 A105060 第 12 行金额的绝对值。

17. 第 17 行“（五）捐赠支出”：根据《捐赠支出及纳税调整明细表》（A105070）填报。第 1 列“账载金额”填报表 A105070 第 8 行第 1 列金额。第 2 列“税收金额”填报表 A105070 第 8 行第 4 列金额。第 3 列“调增金额”填报表 A105070 第 8 行第 5 列金额。第 4 列“调减金额”填报表 A105070 第 8 行第 6 列金额。

18. 第 18 行“（六）利息支出”：第 1 列“账载金额”填报纳税人向非金融企业借款，会计核算计入当期损益的利息支出的金额。第 2 列“税收金额”填报按照税收规定允许税前扣除的利息支出的金额。若第 1 列≥第 2 列，第 3 列“调增金额”填报第 1－2 列金额。若第 1 列<第 2 列，第 4 列“调减金额”填报第 1－2 列金额的绝对值。

19. 第 19 行“（七）罚金、罚款和被没收财物的损失”：第 1 列“账载金额”填报纳税人会计核算计入当期损益的罚金、罚款和被没收财物的损失，不包括纳税人按照经济合同规定支付的违约金（包括银行罚息）、罚款和诉讼费。第 3 列“调增金额”填报第 1 列金额。

20. 第 20 行“（八）税收滞纳金、加收利息”：第 1 列“账载金额”填报纳税人会计核算计入当期损益的税收滞纳金、加收利息。第 3 列“调增金额”填报第 1 列金额。

21. 第 21 行“（九）赞助支出”：第 1 列“账载金额”填报纳税人会计核算计入当期损益的不符合税收规定的公益性捐赠的赞助支出的金额，包括直接向受赠人的捐赠、赞助支出等（不含广告性的赞助支出，广告性的赞助支出在表 A105060 中填报）。第 3 列“调增金额”填报第 1 列金额。

22. 第 22 行“（十）与未实现融资收益相关在当期确认的财务费用”：第 1 列“账载金额”填报纳税人会计核算的与未实现融资收益相关并在当期确认的财务费用的金额。第 2 列“税收金额”填报按照税收规定允许税前扣除的金额。若第 1 列≥第 2 列，第 3 列“调增金额”填报第1－2列金额。若第1列<第2列，第4列“调减金额”填报第1－2列金额的绝对值。

23. 第23行“（十一）佣金和手续费支出”：第1列“账载金额”填报纳税人会计核算计入当期损益的佣金和手续费金额。第2列“税收金额”填报按照税收规定允许税前扣除的佣金和手续费支出金额。第3列“调增金额”填报第1－2列金额。

24. 第24行“（十二）不征税收入用于支出所形成的费用”：第3列“调增金额”填报符合条件的不征税收入用于支出所形成的计入当期损益的费用化支出金额。

25. 第25行“专项用途财政性资金用于支出所形成的费用”：根据《专项用途财政性资金纳税调整明细表》（A105040）填报。第3列“调增金额”填报表A105040第7行第11列金额。

26. 第26行“（十三）跨期扣除项目”：填报维简费、安全生产费用、预提费用、预计负债等跨期扣除项目调整情况。第1列“账载金额”填报纳税人会计核算计入当期损益的跨期扣除项目金额。第2列“税收金额”填报按照税收规定允许税前扣除的金额。若第1列≥第2列，第3列“调增金额”填报第1－2列金额。若第1列<第2列，第4列“调减金额”填报第1－2列金额的绝对值。

27. 第27行“（十四）与取得收入无关的支出”：第1列“账载金额”填报纳税人会计核算计入当期损益的与取得收入无关的支出的金额。第3列“调增金额”填报第1列金额。

28. 第28行“（十五）境外所得分摊的共同支出”：根据《境外所得纳税调整后所得明细表》（A108010）填报。第3列“调增金额”填报表A108010合计行第16＋17列金额。

29. 第29行“（十六）党组织工作经费”：填报纳税人根据有关文件规定，为创新基层党建工作、建立稳定的经费保障制度发生的党组织工作经费及纳税调整情况。

30. 第30行“（十七）其他”：填报其他因会计处理与税收规定有差异需纳税调整的扣除类项目金额。若第1列≥第2列，第3列“调增金额”填报第1－2列金额。若第1列<第2列，第4列“调减金额”填报第1－2列金额的绝对值。

（三）资产类调整项目

31. 第31行“三、资产类调整项目”：填报资产类调整项目第32行至第35行的合计金额。

32. 第32行“（一）资产折旧、摊销”：根据《资产折旧、摊销及纳税调整明细表》（A105080）填报。第1列“账载金额”填报表A105080第36行第2列金额。第2列“税收金额”填报表A105080第36行第5列金额。若表A105080第36行第9列≥0，第3列“调增金额”填报表A105080第36行第9列金额。若表A105080第36行第9列<0，第4列“调减金额”填报表A105080第36行第9列金额的绝对值。

33. 第33行“（二）资产减值准备金”：填报坏账准备、存货跌价准备、理赔费用准备金等不允许税前扣除的各类资产减值准备金纳税调整情况。第 1 列“账载金额”填报纳税人会计核算计入当期损益的资产减值准备金金额（因价值恢复等原因转回的资产减值准备金应予以冲回）。若第 1 列≥0，第 3 列“调增金额”填报第 1 列金额。若第 1 列<0，第 4 列“调减金额”填报第 1 列金额的绝对值。

34. 第 34 行“（三）资产损失”：根据《资产损失税前扣除及纳税调整明细表》（A105090）填报。第 1 列“账载金额”填报表 A105090 第 28 行第 1 列金额。第 2 列“税收金额”填报表 A105090 第 28 行第 5 列金额。若表 A105090 第 28 行第 6 列≥0，第 3 列“调增金额”填报表 A105090 第 28 行第 6 列金额。若表 A105090 第 28 行第 6 列<0，第 4 列“调减金额”填报表 A105090 第 28 行第 6 列金额的绝对值。

35. 第 35 行“（四）其他”：填报其他因会计处理与税收规定有差异需纳税调整的资产类项目金额。若第 1 列≥第 2 列，第 3 列“调增金额”填报第 1－2 列金额。若第 1 列<第 2 列，第 4 列“调减金额”填报第 1－2 列金额的绝对值。

（四）特殊事项调整项目

36. 第 36 行“四、特殊事项调整项目”：填报特殊事项调整项目第 37 行至第 42 行的合计金额。

37. 第 37 行“（一）企业重组及递延纳税事项”：根据《企业重组及递延纳税事项纳税调整明细表》（A105100）填报。第 1 列“账载金额”填报表 A105100 第 16 行第 1＋4 列金额。第 2 列“税收金额”填报表 A105100 第 16 行第 2＋5 列金额。若表 A105100 第 16 行第 7 列≥0，第 3 列“调增金额”填报表 A105100 第 16 行第 7 列金额。若表 A105100 第 16 行第 7 列<0，第 4 列“调减金额”填报表 A105100 第 16 行第 7 列金额的绝对值。

38. 第 38 行“（二）政策性搬迁”：根据《政策性搬迁纳税调整明细表》（A105110）填报。若表 A105110 第 24 行≥0，第 3 列“调增金额”填报表 A105110 第 24 行金额。若表 A105110 第 24 行<0，第 4 列“调减金额”填报表 A105110 第 24 行金额的绝对值。

39. 第 39 行“（三）特殊行业准备金”：根据《特殊行业准备金及纳税调整明细表》（A105120）填报。第 1 列“账载金额”填报表 A105120 第 43 行第 1 列金额。第 2 列“税收金额”填报表 A105120 第 43 行第 2 列金额。若表 A105120 第 43 行第 3 列≥0，第 3 列“调增金额”填报表 A105120 第 43 行第 3 列金额。若表 A105120 第 43 行第 3 列<0，第 4 列“调减金额”填报表 A105120 第 43 行第 3 列金额的绝对值。

40. 第 40 行“（四）房地产开发企业特定业务计算的纳税调整额”：根据《视同销售和房地产开发企业特定业务纳税调整明细表》（A105010）填报。第 2 列“税收金额”填报表 A105010 第 21 行第 1 列金额。若表 A105010 第 21 行第 2 列≥0，第 3 列“调增金额”填报表 A105010 第 21 行第 2 列金额。若表 A105010 第 21 行第 2 列<0，第 4 列“调减金额”填报表 A105010 第 21 行第 2 列金额的绝对值。

41. 第41行“（五）合伙企业法人合伙人分得的应纳税所得额”：第1列“账载金额”填报合伙企业法人合伙人本年会计核算上确认的对合伙企业的投资所得。第2列“税收金额”填报纳税人按照“先分后税”原则和《财政部 国家税务总局关于合伙企业合伙人所得税问题的通知》（财税〔2008〕159号）文件第四条规定计算的从合伙企业分得的法人合伙人应纳税所得额。若第1列≤第2列，第3列“调增金额”填报第2－1列金额。若第1列＞第2列，第4列“调减金额”填报第2－1列金额的绝对值。

42. 第42行“（六）其他”：填报其他因会计处理与税收规定有差异需纳税调整的特殊事项金额。

（五）特殊纳税调整所得项目

43. 第43行“五、特别纳税调整应税所得”：第3列“调增金额”填报纳税人按特别纳税调整规定自行调增的当年应税所得。第4列“调减金额”填报纳税人依据双边预约定价安排或者转让定价相应调整磋商结果的通知，需要调减的当年应税所得。

（六）其他

44. 第44行“六、其他”：填报其他会计处理与税收规定存在差异需纳税调整的项目金额，包括企业执行《企业会计准则第14号——收入》（财会〔2017〕22号发布）产生的税会差异纳税调整金额。

45. 第45行“合计”：填报第1＋12＋31＋36＋43＋44行的合计金额。

二、表内、表间关系

（一）表内关系

1. 第1行＝第2＋3＋4＋5＋6＋7＋8＋10＋11行。
2. 第12行＝第13＋14＋…＋23＋24＋26＋27＋28＋29＋30行。
3. 第31行＝第32＋33＋34＋35行。
4. 第36行＝第37＋38＋39＋40＋41＋42行。
5. 第45行＝第1＋12＋31＋36＋43＋44行。

（二）表间关系

1. 第2行第2列＝表A105010第1行第1列；第2行第3列＝表A105010第1行第2列。

2. 第3行第1列＝表A105020第14行第2列；第3行第2列＝表A105020第14行第4列；若表A105020第14行第6列≥0，第3行第3列＝表A105020第14行第6列；若表

A105020 第 14 行第 6 列<0，第 3 行第 4 列=表 A105020 第 14 行第 6 列的绝对值。

3. 第 4 行第 1 列=表 A105030 第 10 行第 1+8 列；第 4 行第 2 列=表 A105030 第 10 行第 2+9 列；若表 A105030 第 10 行第 11 列≥0，第 4 行第 3 列=表 A105030 第 10 行第 11 列；若表 A105030 第 10 行第 11 列<0，第 4 行第 4 列=表 A105030 第 10 行第 11 列的绝对值。

4. 第 9 行第 3 列=表 A105040 第 7 行第 14 列；第 9 行第 4 列=表 A105040 第 7 行第 4 列。

5. 第 13 行第 2 列=表 A105010 第 11 行第 1 列；第 13 行第 4 列=表 A105010 第 11 行第 2 列的绝对值。

6. 第 14 行第 1 列=表 A105050 第 13 行第 1 列；第 14 行第 2 列=表 A105050 第 13 行第 5 列；若表 A105050 第 13 行第 6 列≥0，第 14 行第 3 列=表 A105050 第 13 行第 6 列；若表 A105050 第 13 行第 6 列<0，第 14 行第 4 列=表 A105050 第 13 行第 6 列的绝对值。

7. 若表 A105060 第 12 行≥0，第 16 行第 3 列=表 A105060 第 12 行，若表 A105060 第 12 行<0，第 16 行第 4 列=表 A105060 第 12 行的绝对值。

8. 第 17 行第 1 列=表 A105070 第 8 行第 1 列；第 17 行第 2 列=表 A105070 第 8 行第 4 列；第 17 行第 3 列=表 A105070 第 8 行第 5 列；第 17 行第 4 列=表 A105070 第 8 行第 6 列。

9. 第 25 行第 3 列=表 A105040 第 7 行第 11 列。

10. 第 28 行第 3 列=表 A108010 第 10 行第 16+17 列。

11. 第 32 行第 1 列=表 A105080 第 36 行第 2 列；第 32 行第 2 列=表 A105080 第 36 行第 5 列；若表 A105080 第 36 行第 9 列≥0，第 32 行第 3 列=表 A105080 第 36 行第 9 列；若表 A105080 第 36 行第 9 列<0，第 32 行第 4 列=表 A105080 第 36 行第 9 列的绝对值。

12. 第 34 行第 1 列=表 A105090 第 28 行第 1 列；第 34 行第 2 列=表 A105090 第 28 行第 5 列；若表 A105090 第 28 行第 6 列≥0，第 34 行第 3 列=表 A105090 第 28 行第 6 列；若表 A105090 第 28 行第 6 列<0，第 34 行第 4 列=表 A105090 第 28 行第 6 列的绝对值。

13. 第 37 行第 1 列=表 A105100 第 16 行第 1+4 列；第 37 行第 2 列=表 A105100 第 16 行第 2+5 列；若表 A105100 第 16 行第 7 列≥0，第 37 行第 3 列=表 A105100 第 16 行第 7 列；若表 A105100 第 16 行第 7 列<0，第 37 行第 4 列=表 A105100 第 16 行第 7 列的绝对值。

14. 若表 A105110 第 24 行≥0，第 38 行第 3 列=表 A105110 第 24 行；若表 A105110 第 24 行<0，第 38 行第 4 列=表 A105110 第 24 行的绝对值。

15. 第 39 行第 1 列=表 A105120 第 43 行第 1 列；第 39 行第 2 列=表 A105120 第 43 行第 2 列；若表 A105120 第 43 行第 3 列≥0，第 39 行第 3 列=表 A105120 第 43 行第 3 列；若表 A105120 第 43 行第 3 列<0，第 39 行第 4 列=表 A105120 第 43 行第 3 列的绝对值。

16. 第 40 行第 2 列＝表 A105010 第 21 行第 1 列；若表 A105010 第 21 行第 2 列≥0，第 40 行第 3 列＝表 A105010 第 21 行第 2 列；若表 A105010 第 21 行第 2 列<0，第 40 行第 4 列＝表 A105010 第 21 行第 2 列的绝对值。

17. 第 45 行第 3 列＝表 A100000 第 15 行；第 45 行第 4 列＝表 A100000 第 16 行。

A105010 视同销售和房地产开发企业特定业务纳税调整明细表

行次	项目	税收金额	纳税调整金额
		1	2
1	一、视同销售（营业）收入（2+3+4+5+6+7+8+9+10）	300 000.00	300 000.00
2	（一）非货币性资产交换视同销售收入		
3	（二）用于市场推广或销售视同销售收入	180 000.00	180 000.00
4	（三）用于交际应酬视同销售收入		
5	（四）用于职工奖励或福利视同销售收入	120 000.00	120 000.00
6	（五）用于股息分配视同销售收入		
7	（六）用于对外捐赠视同销售收入		
8	（七）用于对外投资项目视同销售收入		
9	（八）提供劳务视同销售收入		
10	（九）其他		
11	二、视同销售（营业）成本（12+13+14+15+16+17+18+19+20）	108 000.00	108 000.00
12	（一）非货币性资产交换视同销售成本		
13	（二）用于市场推广或销售视同销售成本	108 000.00	108 000.00
14	（三）用于交际应酬视同销售成本		
15	（四）用于职工奖励或福利视同销售成本	0.00	0.00
16	（五）用于股息分配视同销售成本		
17	（六）用于对外捐赠视同销售成本		
18	（七）用于对外投资项目视同销售成本		
19	（八）提供劳务视同销售成本		
20	（九）其他		
21	三、房地产开发企业特定业务计算的纳税调整额（22－26）		
22	（一）房地产企业销售未完工开发产品特定业务计算的纳税调整额（24－25）		
23	1. 销售未完工产品的收入		*
24	2. 销售未完工产品预计毛利额		
25	3. 实际发生的税金及附加、土地增值税		
26	（二）房地产企业销售的未完工产品转完工产品特定业务计算的纳税调整额（28－29）		
27	1. 销售未完工产品转完工产品确认的销售收入		*
28	2. 转回的销售未完工产品预计毛利额		
29	3. 转回实际发生的税金及附加、土地增值税		

A105010《视同销售和房地产开发企业特定业务纳税调整明细表》填报说明

本表适用于发生视同销售、房地产企业特定业务纳税调整项目的纳税人填报。纳税人根据税法、《国家税务总局关于企业处置资产所得税处理问题的通知》（国税函〔2008〕828号）、《国家税务总局关于印发〈房地产开发经营业务企业所得税处理办法〉的通知》（国税发〔2009〕31号）、《国家税务总局关于企业所得税有关问题的公告》（国家税务总局公告2016年第80号）等相关规定，以及国家统一企业会计制度，填报视同销售行为、房地产企业销售未完工产品、未完工产品转完工产品特定业务的税收规定及纳税调整情况。

一、有关项目填报说明

1. 第1行“一、视同销售收入”：填报会计处理不确认销售收入，而税收规定确认为应税收入的金额，本行为第2行至第10行小计数。第1列“税收金额”填报税收确认的应税收入金额；第2列“纳税调整金额”等于第1列“税收金额”。

2. 第2行“（一）非货币性资产交换视同销售收入”：填报发生非货币性资产交换业务，会计处理不确认销售收入，而税收规定确认为应税收入的金额。第1列“税收金额”填报税收确认的应税收入金额；第2列“纳税调整金额”等于第1列“税收金额”。

3. 第3行“（二）用于市场推广或销售视同销售收入”：填报发生将货物、财产用于市场推广、广告、样品、集资、销售等，会计处理不确认销售收入，而税收规定确认为应税收入的金额。填列方法同第2行。

4. 第4行“（三）用于交际应酬视同销售收入”：填报发生将货物、财产用于交际应酬，会计处理不确认销售收入，而税收规定确认为应税收入的金额。填列方法同第2行。

5. 第5行“（四）用于职工奖励或福利视同销售收入”：填报发生将货物、财产用于职工奖励或福利，会计处理不确认销售收入，而税收规定确认为应税收入的金额。企业外购资产或服务不以销售为目的，用于替代职工福利费用支出，且购置后在一个纳税年度内处置的，以公允价值确定视同销售收入。填列方法同第2行。

6. 第6行“（五）用于股息分配视同销售收入”：填报发生将货物、财产用于股息分配，会计处理不确认销售收入，而税收规定确认为应税收入的金额。填列方法同第2行。

7. 第7行“（六）用于对外捐赠视同销售收入”：填报发生将货物、财产用于对外捐赠或赞助，会计处理不确认销售收入，而税收规定确认为应税收入的金额。填列方法同第2行。

8. 第8行“(七) 用于对外投资项目视同销售收入”：填报发生将货物、财产用于对外投资，会计处理不确认销售收入，而税收规定确认为应税收入的金额。填列方法同第2行。

9. 第9行“(八) 提供劳务视同销售收入”：填报发生对外提供劳务，会计处理不确认销售收入，而税收规定确认为应税收入的金额。填列方法同第2行。

10. 第10行“(九) 其他”：填报发生除上述列举情形外，会计处理不作为销售收入核算，而税收规定确认为应税收入的金额。填列方法同第2行。

11. 第11行“一、视同销售成本”：填报会计处理不确认销售收入，税收规定确认为应税收入对应的视同销售成本金额。本行为第12行至第20行小计数。第1列“税收金额”填报予以税前扣除的视同销售成本金额；将第1列税收金额以负数形式填报第2列“纳税调整金额”。

12. 第12行“(一) 非货币性资产交换视同销售成本”：填报发生非货币性资产交换业务，会计处理不确认销售收入，税收规定确认为应税收入所对应的应予以税前扣除的视同销售成本金额。第1列“税收金额”填报予以扣除的视同销售成本金额；将第1列税收金额以负数形式填报第2列“纳税调整金额”。

13. 第13行“(二) 用于市场推广或销售视同销售成本”：填报发生将货物、财产用于市场推广、广告、样品、集资、销售等，会计处理不确认销售收入，税收规定确认为应税收入时，其对应的应予以税前扣除的视同销售成本金额。填列方法同第12行。

14. 第14行“(三) 用于交际应酬视同销售成本”：填报发生将货物、财产用于交际应酬，会计处理不确认销售收入，税收规定确认为应税收入时，其对应的应予以税前扣除的视同销售成本金额。填列方法同第12行。

15. 第15行“(四) 用于职工奖励或福利视同销售成本”：填报发生将货物、财产用于职工奖励或福利，会计处理不确认销售收入，税收规定确认为应税收入时，其对应的应予以税前扣除的视同销售成本金额。填列方法同第12行。

16. 第16行“(五) 用于股息分配视同销售成本”：填报发生将货物、财产用于股息分配，会计处理不确认销售收入，税收规定确认为应税收入时，其对应的应予以税前扣除的视同销售成本金额。填列方法同第12行。

17. 第17行“(六) 用于对外捐赠视同销售成本”：填报发生将货物、财产用于对外捐赠或赞助，会计处理不确认销售收入，税收规定确认为应税收入时，其对应的应予以税前扣除的视同销售成本金额。填列方法同第12行。

18. 第18行“(七) 用于对外投资项目视同销售成本”：填报会计处理发生将货物、财产用于对外投资，会计处理不确认销售收入，税收规定确认为应税收入时，其对应的应予以税前扣除的视同销售成本金额。填列方法同第12行。

19. 第 19 行“(八) 提供劳务视同销售成本”：填报会计处理发生对外提供劳务，会计处理不确认销售收入，税收规定确认为应税收入时，其对应的应予以税前扣除视同销售成本金额。填列方法同第 12 行。

20. 第 20 行“(九) 其他”：填报发生除上述列举情形外，会计处理不确认销售收入，税收规定确认为应税收入的同时，予以税前扣除视同销售成本金额。填列方法同第 12 行。

21. 第 21 行“三、房地产开发企业特定业务计算的纳税调整额”：填报房地产企业发生销售未完工产品、未完工产品结转完工产品业务，按照税收规定计算的特定业务的纳税调整额。第 1 列“税收金额”填报第 22 行第 1 列减去第 26 行第 1 列的余额；第 2 列“纳税调整金额”等于第 1 列“税收金额”。

22. 第 22 行“(一) 房地产企业销售未完工开发产品特定业务计算的纳税调整额”：填报房地产企业销售未完工开发产品取得销售收入，按税收规定计算的纳税调整额。第 1 列“税收金额”填报第 24 行第 1 列减去第 25 行第 1 列的余额；第 2 列“纳税调整金额”等于第 1 列“税收金额”。

23. 第 23 行“1. 销售未完工产品的收入”：第 1 列“税收金额”填报房地产企业销售未完工开发产品，会计核算未进行收入确认的销售收入金额。

24. 第 24 行“2. 销售未完工产品预计毛利额”：第 1 列“税收金额”填报房地产企业销售未完工产品取得的销售收入按税收规定预计计税毛利率计算的金额；第 2 列“纳税调整金额”等于第 1 列“税收金额”。

25. 第 25 行“3. 实际发生的税金及附加、土地增值税”：第 1 列“税收金额”填报房地产企业销售未完工产品实际发生的税金及附加、土地增值税，且在会计核算中未计入当期损益的金额；第 2 列“纳税调整金额”等于第 1 列“税收金额”。

26. 第 26 行“(二) 房地产企业销售的未完工产品转完工产品特定业务计算的纳税调整额”：填报房地产企业销售的未完工产品转完工产品，按税收规定计算的纳税调整额。第 1 列“税收金额”填报第 28 行第 1 列减去第 29 行第 1 列的余额；第 2 列“纳税调整金额”等于第 1 列“税收金额”。

27. 第 27 行“1. 销售未完工产品转完工产品确认的销售收入”：第 1 列“税收金额”填报房地产企业销售的未完工产品，此前年度已按预计毛利额征收所得税，本年度结转为完工产品，会计上符合收入确认条件，当年会计核算确认的销售收入金额。

28. 第 28 行“2. 转回的销售未完工产品预计毛利额”：第 1 列“税收金额”填报房地产企业销售的未完工产品，此前年度已按预计毛利额征收所得税，本年结转完工产品，会计核算确认为销售收入，转回原按税收规定预计计税毛利率计算的金额；第 2 列“纳税调整金额”等于第 1 列“税收金额”。

29. 第 29 行“3. 转回实际发生的税金及附加、土地增值税”：填报房地产企业销售的未完工产品结转完工产品后，会计核算确认为销售收入，同时将对应实际发生的税金及附加、土地增值税转入当期损益的金额；第 2 列“纳税调整金额”等于第 1 列“税收金额”。

二、表内、表间关系

(一) 表内关系

1. 第 1 行=第 2+3+…+10 行。
2. 第 11 行=第 12+13+…+20 行。
3. 第 21 行=第 22－26 行。
4. 第 22 行=第 24－25 行。
5. 第 26 行=第 28－29 行。

(二) 表间关系

1. 第 1 行第 1 列=表 A105000 第 2 行第 2 列。
2. 第 1 行第 2 列=表 A105000 第 2 行第 3 列。
3. 第 11 行第 1 列=表 A105000 第 13 行第 2 列。
4. 第 11 行第 2 列的绝对值=表 A105000 第 13 行第 4 列。
5. 第 21 行第 1 列=表 A105000 第 40 行第 2 列。
6. 若第 21 行第 2 列≥0，第 21 行第 2 列=表 A105000 第 40 行第 3 列；若第 21 行第 2 列<0，第 21 行第 2 列的绝对值=表 A105000 第 40 行第 4 列。

A105020 未按权责发生制确认收入纳税调整明细表

行次	项目	合同金额（交易金额）	账载金额		税收金额		纳税调整金额
			本年	累计	本年	累计	
		1	2	3	4	5	6（4－2）
1	一、跨期收取的租金、利息、特许权使用费收入（2＋3＋4）	360 000.00	120 000.00	120 000.00	360 000.00	360 000.00	240 000.00
2	（一）租金	360 000.00	120 000.00	120 000.00	360 000.00	360 000.00	240 000.00
3	（二）利息						
4	（三）特许权使用费						
5	二、分期确认收入（6＋7＋8）						
6	（一）分期收款方式销售货物收入						
7	（二）持续时间超过12个月的建造合同收入						
8	（三）其他分期确认收入						
9	三、政府补助递延收入（10＋11＋12）						
10	（一）与收益相关的政府补助						
11	（二）与资产相关的政府补助						
12	（三）其他						
13	四、其他未按权责发生制确认收入						
14	合计（1＋5＋9＋13）	360 000.00	120 000.00	120 000.00	360 000.00	360 000.00	240 000.00

A105020《未按权责发生制确认收入纳税调整明细表》填报说明

本表适用于会计处理按权责发生制确认收入、税收规定未按权责发生制确认收入需纳税调整的纳税人填报。纳税人根据税法、《国家税务总局关于贯彻落实企业所得税法若干税收问题的通知》（国税函〔2010〕79 号）、《国家税务总局关于确认企业所得税收入若干问题的通知》（国税函〔2008〕875 号）等相关规定，以及国家统一企业会计制度，填报会计处理按照权责发生制确认收入、税收规定未按权责发生制确认收入的会计处理、税收规定，以及纳税调整情况。符合税收规定不征税收入条件的政府补助收入，本表不做调整，在《专项用途财政性资金纳税调整明细表》（A105040）中进行纳税调整。

一、有关项目填报说明

1. 第 1 列“合同金额或交易金额”：填报会计处理按照权责发生制确认收入、税收规定未按权责发生制确认收入的项目的合同总额或交易总额。

2. 第 2 列“账载金额－本年”：填报纳税人会计处理按权责发生制在本期确认金额。

3. 第 3 列“账载金额－累计”：填报纳税人会计处理按权责发生制累计确认金额（含本年）。

4. 第 4 列“税收金额－本年”：填报纳税人按税收规定未按权责发生制在本期确认金额。

5. 第 5 列“税收金额－累计”：填报纳税人按税收规定未按权责发生制累计确认金额（含本年）。

6. 第 6 列“纳税调整金额”：填报纳税人会计处理按权责发生制确认收入、税收规定未按权责发生制确认收入的差异需纳税调整金额，为第 4－2 列的余额。

二、表内、表间关系

（一）表内关系

1. 第 1 行＝第 2＋3＋4 行。

2. 第 5 行＝第 6＋7＋8 行。

3. 第 9 行＝第 10＋11＋12 行。

4. 第 14 行＝第 1＋5＋9＋13 行。

5. 第 6 列＝第 4－2 列。

（二）表间关系

1. 第 14 行第 2 列＝表 A105000 第 3 行第 1 列。

2. 第 14 行第 4 列＝表 A105000 第 3 行第 2 列。

3. 若第 14 行第 6 列≥0，第 14 行第 6 列＝表 A105000 第 3 行第 3 列；若第 14 行第 6 列＜0，第 14 行第 6 列绝对值＝表 A105000 第 3 行第 4 列。

A105030

投资收益纳税调整明细表

行次	项目	持有收益			处置收益							纳税调整金额
		账载金额	税收金额	纳税调整金额	会计确认的处置收入	税收计算的处置收入	处置投资的账面价值	处置投资的计税基础	会计确认的处置所得或损失	税收计算的处置所得	纳税调整金额	
		1	2	3（2−1）	4	5	6	7	8（4−6）	9（5−7）	10（9−8）	11（3+10）
1	一、交易性金融资产				55 000.00	55 000.00	40 000.00	40 000.00	15 000.00	15 000.00	0.00	0.00
2	二、可供出售金融资产											
3	三、持有至到期投资	10 000.00	10 000.00	0.00								0.00
4	四、衍生工具											
5	五、交易性金融负债											
6	六、长期股权投资	900 000.00	1 300 000.00	400 000.00								400 000.00
7	七、短期投资											
8	八、长期债券投资											
9	九、其他											
10	合计（1+2+3+4+5+6+7+8+9）	910 000.00	1 310 000.00	400 000.00	55 000.00	55 000.00	40 000.00	40 000.00	15 000.00	15 000.00	0.00	400 000.00

A105030《投资收益纳税调整明细表》填报说明

本表适用于发生投资收益纳税调整项目的纳税人及从事股权投资业务的纳税人填报。纳税人根据税法、《国家税务总局关于贯彻落实企业所得税法若干税收问题的通知》（国税函〔2010〕79号）等相关规定，以及国家统一企业会计制度，填报投资收益的会计处理、税收规定，以及纳税调整情况。发生持有期间投资收益，并按税收规定为减免税收入的（如国债利息收入等），本表不做调整。处置投资项目按税收规定确认为损失的，本表不做调整，在《资产损失税前扣除及纳税调整明细表》（A105090）进行纳税调整。处置投资项目符合企业重组且适用特殊性税务处理规定的，本表不做调整，在《企业重组及递延纳税事项纳税调整明细表》（A105100）中进行纳税调整。

一、有关项目填报说明

已执行《企业会计准则第22号——金融工具确认和计量》（财会〔2017〕7号发布）、《企业会计准则第23号——金融资产转移》（财会〔2017〕8号发布）、《企业会计准则第24号——套期会计》（财会〔2017〕9号发布）、《企业会计准则第37号——金融工具列报》（财会〔2017〕14号发布）（以上四项简称“新金融准则”）的纳税人，若投资收益的项目类别不为本表第1行至第8行的，则在第9行“九、其他”中填报相关会计处理、税收规定，以及纳税调整情况。

1. 第1列“账载金额”：填报纳税人持有投资项目，会计核算确认的投资收益。

2. 第2列“税收金额”：填报纳税人持有投资项目，按照税收规定确认的投资收益。

3. 第3列“纳税调整金额”：填报纳税人持有投资项目，会计核算确认投资收益与税收规定投资收益的差异需纳税调整金额，为第2－1列金额。

4. 第4列“会计确认的处置收入”：填报纳税人收回、转让或清算处置投资项目，会计核算确认的扣除相关税费后的处置收入金额。

5. 第5列“税收计算的处置收入”：填报纳税人收回、转让或清算处置投资项目，按照税收规定计算的扣除相关税费后的处置收入金额。

6. 第6列“处置投资的账面价值”：填报纳税人收回、转让或清算处置的投资项目，会计核算的处置投资的账面价值。

7. 第7列“处置投资的计税基础”：填报纳税人收回、转让或清算处置的投资项目，按税收规定计算的处置投资的计税金额。

8. 第 8 列“会计确认的处置所得或损失”：填报纳税人收回、转让或清算处置投资项目，会计核算确认的处置所得或损失，按第 4－6 列金额填报（损失以“－”号填列）。

9. 第 9 列“税收计算的处置所得”：填报纳税人收回、转让或清算处置投资项目，按照税收规定计算的处置所得，按第 5－7 列金额填报。

10. 第 10 列“纳税调整金额”：填报纳税人收回、转让或清算处置投资项目，会计处理与税收规定不一致需纳税调整金额，按第 9－8 列金额填报。

11. 第 11 列“纳税调整金额”：填报第 3＋10 列金额。

二、表内、表间关系

（一）表内关系

1. 第 10 行＝第 1＋2＋3＋4＋5＋6＋7＋8＋9 行。
2. 第 3 列＝第 2－1 列。
3. 第 8 列＝第 4－6 列。
4. 第 9 列＝第 5－7 列。
5. 第 10 列＝第 9－8 列。
6. 第 11 列＝第 3＋10 列。

（二）表间关系

1. 第 10 行第 1＋8 列＝表 A105000 第 4 行第 1 列。
2. 第 10 行第 2＋9 列＝表 A105000 第 4 行第 2 列。
3. 若第 10 行第 11 列≥0，第 10 行第 11 列＝表 A105000 第 4 行第 3 列；若第 10 行第 11 列＜0，第 10 行第 11 列绝对值＝表 A105000 第 4 行第 4 列。

A105050

职工薪酬支出及纳税调整明细表

行次	项目	账载金额	实际发生额	税收规定扣除率	以前年度累计结转扣除额	税收金额	纳税调整金额	累计结转以后年度扣除额
		1	2	3	4	5	6(1－5)	7(2＋4－5)
1	一、工资薪金支出	18 866 300.00	18 866 300.00	*	*	18 866 300.00	0.00	*
2	其中：股权激励			*	*			*
3	二、职工福利费支出	377 326.00	333 000.00	14%	*	333 000.00	44 326.00	*
4	三、职工教育经费支出	1 886 630.00	1 826 300.00	*	0.00	1 509 304.00	377 326.00	316 996.00
5	其中：按税收规定比例扣除的职工教育经费	1 886 630.00	1 826 300.00	8%	0.00	1 509 304.00	377 326.00	316 996.00
6	按税收规定全额扣除的职工培训费用				*			*
7	四、工会经费支出	377 326.00	378 820.00	2%	*	377 326.00	0.00	*
8	五、各类基本社会保障性缴款	6 225 879.00	6 225 879.00	*	*	6 225 879.00	0.00	*
9	六、住房公积金	2 263 956.00	2 263 956.00	*	*	2 263 956.00	0.00	*
10	七、补充养老保险				*			*
11	八、补充医疗保险				*			*
12	九、其他			*	*			*
13	合计（1＋3＋4＋7＋8＋9＋10＋11＋12）	29 997 417.00	29 894 255.00	*	0.00	29 575 765.00	421 652.00	316 996.00

A105050《职工薪酬支出及纳税调整明细表》填报说明

纳税人根据税法、《国家税务总局关于企业工资薪金及职工福利费扣除问题的通知》（国税函〔2009〕3号）、《财政部 国家税务总局关于扶持动漫产业发展有关税收政策问题的通知》（财税〔2009〕65号）、《财政部 国家税务总局关于进一步鼓励软件产业和集成电路产业发展企业所得税政策的通知》（财税〔2012〕27号）、《国家税务总局关于我国居民企业实行股权激励计划有关企业所得税处理问题的公告》（国家税务总局公告2012年第18号）、《财政部 国家税务总局 商务部 科技部 国家发展改革委关于完善技术先进型服务企业有关企业所得税政策问题的通知》（财税〔2014〕59号）、《国家税务总局关于企业工资薪金和职工福利费等支出税前扣除问题的公告》（国家税务总局公告2015年第34号）、《财政部 税务总局关于企业职工教育经费税前扣除政策的通知》（财税〔2018〕51号）等相关规定，以及国家统一企业会计制度，填报纳税人职工薪酬会计处理、税收规定，以及纳税调整情况。纳税人只要发生相关支出，不论是否进行纳税调整，均需填报。

一、有关项目填报说明

1. 第1行“一、工资薪金支出”：填报纳税人本年度支付给在本企业任职或者受雇的员工的所有现金形式或非现金形式的劳动报酬及其会计核算、纳税调整等金额，具体如下：

（1）第1列“账载金额”：填报纳税人会计核算计入成本费用的职工工资、奖金、津贴和补贴金额。

（2）第2列“实际发生额”：分析填报纳税人“应付职工薪酬”会计科目借方发生额（实际发放的工资薪金）。

（3）第5列“税收金额”：填报纳税人按照税收规定允许税前扣除的金额，按照第1列和第2列分析填报。

（4）第6列“纳税调整金额”：填报第1－5列金额。

2. 第2行“股权激励”：适用于执行《上市公司股权激励管理办法》（中国证券监督管理委员会令第126号）的纳税人填报，具体如下：

（1）第1列“账载金额”：填报纳税人按照国家有关规定建立职工股权激励计划，会计核算计入成本费用的金额。

（2）第 2 列“实际发生额”：填报纳税人根据本年实际行权时股权的公允价格与激励对象实际行权支付价格的差额和数量计算确定的金额。

（3）第 5 列“税收金额”：填报行权时按照税收规定允许税前扣除的金额，按第 2 列金额填报。

（4）第 6 列“纳税调整金额”：填报第 1－5 列金额。

3. 第 3 行“二、职工福利费支出”：填报纳税人本年度发生的职工福利费及其会计核算、纳税调整等金额，具体如下：

（1）第 1 列“账载金额”：填报纳税人会计核算计入成本费用的职工福利费的金额。

（2）第 2 列“实际发生额”：分析填报纳税人“应付职工薪酬”会计科目下的职工福利费实际发生额。

（3）第 3 列“税收规定扣除率”：填报税收规定的扣除比例。

（4）第 5 列“税收金额”：填报按照税收规定允许税前扣除的金额，按第 1 行第 5 列“工资薪金支出/税收金额”×税收规定扣除率与第 1 列、第 2 列三者孰小值填报。

（5）第 6 列“纳税调整金额”：填报第 1－5 列金额。

4. 第 4 行“三、职工教育经费支出”：填报第 5 行金额或者第 5＋6 行金额。

5. 第 5 行“按税收规定比例扣除的职工教育经费”：适用于按照税收规定职工教育经费按比例税前扣除的纳税人填报，填报纳税人本年度发生的按税收规定比例扣除的职工教育经费及其会计核算、纳税调整等金额，具体如下：

（1）第 1 列“账载金额”填报纳税人会计核算计入成本费用的按税收规定比例扣除的职工教育经费金额，不包括第 6 行“按税收规定全额扣除的职工培训费用”金额。

（2）第 2 列“实际发生额”：分析填报纳税人“应付职工薪酬”会计科目下的职工教育经费实际发生额，不包括第 6 行“按税收规定全额扣除的职工培训费用”金额。

（3）第 3 列“税收规定扣除率”：填报税收规定的扣除比例。

（4）第 4 列“以前年度累计结转扣除额”：填报纳税人以前年度累计结转准予扣除的职工教育经费支出余额。

（5）第 5 列“税收金额”：填报纳税人按照税收规定允许税前扣除的金额（不包括第 6 行“按税收规定全额扣除的职工培训费用”金额），按第 1 行第 5 列“工资薪金支出\税收金额”×税收规定扣除率与第 2＋4 列的孰小值填报。

（6）第 6 列“纳税调整金额”：填报第 1－5 列金额。

（7）第 7 列“累计结转以后年度扣除额”：填报第 2＋4－5 列金额。

6. 第 6 行“按税收规定全额扣除的职工培训费用”：适用于按照税收规定职工培训费用允许全额税前扣除的纳税人填报，填报纳税人本年度发生的按税收规定全额扣除的职工培训费用及其会计核算、纳税调整等金额，具体如下：

（1）第 1 列“账载金额”：填报纳税人会计核算计入成本费用的按税收规定全额扣除的

职工培训费用金额。

（2）第 2 列“实际发生额”：分析填报纳税人“应付职工薪酬”会计科目下的职工教育经费本年实际发生额中可全额扣除的职工培训费用金额。

（3）第 3 列“税收规定扣除率”：填报税收规定的扣除比例（100%）。

（4）第 5 列“税收金额”：填报按照税收规定允许税前扣除的金额，按第 2 列金额填报。

（5）第 6 列“纳税调整金额”：填报第 1－5 列金额。

7. 第 7 行“四、工会经费支出”：填报纳税人本年度拨缴工会经费及其会计核算、纳税调整等金额，具体如下：

（1）第 1 列“账载金额”：填报纳税人会计核算计入成本费用的工会经费支出金额。

（2）第 2 列“实际发生额”：分析填报纳税人“应付职工薪酬”会计科目下的工会经费本年实际发生额。

（3）第 3 列“税收规定扣除率”：填报税收规定的扣除比例。

（4）第 5 列“税收金额”：填报按照税收规定允许税前扣除的金额，按第 1 行第 5 列“工资薪金支出/税收金额”×税收规定扣除率与第 1 列、第 2 列三者孰小值填报。

（5）第 6 列“纳税调整金额”：填报第 1－5 列金额。

8. 第 8 行“五、各类基本社会保障性缴款”：填报纳税人依照国务院有关主管部门或者省级人民政府规定的范围和标准为职工缴纳的基本社会保险费及其会计核算、纳税调整等金额，具体如下：

（1）第 1 列“账载金额”：填报纳税人会计核算的各类基本社会保障性缴款的金额。

（2）第 2 列“实际发生额”：分析填报纳税人“应付职工薪酬”会计科目下的各类基本社会保障性缴款本年实际发生额。

（3）第 5 列“税收金额”：填报按照税收规定允许税前扣除的各类基本社会保障性缴款的金额，按纳税人依照国务院有关主管部门或者省级人民政府规定的范围和标准计算的各类基本社会保障性缴款的金额与第 1 列、第 2 列三者孰小值填报。

（4）第 6 列“纳税调整金额”：填报第 1－5 列金额。

9. 第 9 行“六、住房公积金”：填报纳税人依照国务院有关主管部门或者省级人民政府规定的范围和标准为职工缴纳的住房公积金及其会计核算、纳税调整等金额，具体如下：

（1）第 1 列“账载金额”：填报纳税人会计核算的住房公积金金额。

（2）第 2 列“实际发生额”：分析填报纳税人“应付职工薪酬”会计科目下的住房公积金本年实际发生额。

（3）第 5 列“税收金额”：填报按照税收规定允许税前扣除的住房公积金金额，按纳税人依照国务院有关主管部门或者省级人民政府规定的范围和标准计算的住房公积金金额、第

1 列及第 2 列三者孰小值填报。

（4）第 6 列“纳税调整金额”：填报第 1－5 列金额。

10. 第 10 行“七、补充养老保险”：填报纳税人为投资者或者职工支付的补充养老保险费及其会计核算、纳税调整等金额，具体如下：

（1）第 1 列“账载金额”：填报纳税人会计核算的补充养老保险金额。

（2）第 2 列“实际发生额”：分析填报纳税人“应付职工薪酬”会计科目下的补充养老保险本年实际发生额。

（3）第 3 列“税收规定扣除率”：填报税收规定的扣除比例。

（4）第 5 列“税收金额”：填报按照税收规定允许税前扣除的补充养老保险的金额，按第 1 行第 5 列“工资薪金支出/税收金额”×税收规定扣除率与第 1 列、第 2 列三者孰小值填报。

（5）第 6 列“纳税调整金额”：填报第 1－5 列金额。

11. 第 11 行“八、补充医疗保险”：填报纳税人为投资者或者职工支付的补充医疗保险费及其会计核算、纳税调整等金额，具体如下：

（1）第 1 列“账载金额”：填报纳税人会计核算的补充医疗保险金额。

（2）第 2 列“实际发生额”：分析填报纳税人“应付职工薪酬”会计科目下的补充医疗保险本年实际发生额。

（3）第 3 列“税收规定扣除率”：填报税收规定的扣除比例。

（4）第 5 列“税收金额”：填报按照税收规定允许税前扣除的补充医疗保险的金额，按第 1 行第 5 列“工资薪金支出/税收金额”×税收规定扣除率与第 1 列、第 2 列三者孰小值填报。

（5）第 6 列“纳税调整金额”：填报第 1－5 列金额。

12. 第 12 行“九、其他”：填报其他职工薪酬的金额及其会计核算、纳税调整等金额。

13. 第 13 行“合计”：填报第 1＋3＋4＋7＋8＋9＋10＋11＋12 行金额。

二、表内、表间关系

（一）表内关系

1. 第 4 行＝第 5 行或第 5＋6 行。
2. 第 13 行＝第 1＋3＋4＋7＋8＋9＋10＋11＋12 行。
3. 第 6 列＝第 1－5 列。
4. 第 7 列＝第 2＋4－5 列。

（二）表间关系

1．第 13 行第 1 列＝表 A105000 第 14 行第 1 列。

2．第 13 行第 5 列＝表 A105000 第 14 行第 2 列。

3．若第 13 行第 6 列≥0，第 13 行第 6 列＝表 A105000 第 14 行第 3 列；若第 13 行第 6 列＜0，第 13 行第 6 列的绝对值＝表 A105000 第 14 行第 4 列。

A105060 广告费和业务宣传费跨年度纳税调整明细表

行次	项目	金额
1	一、本年广告费和业务宣传费支出	11 817 568.00
2	减：不允许扣除的广告费和业务宣传费支出	0.00
3	二、本年符合条件的广告费和业务宣传费支出（1－2）	11 817 568.00
4	三、本年计算广告费和业务宣传费扣除限额的销售（营业）收入	81 426 413.00
5	乘：税收规定扣除率	15%
6	四、本企业计算的广告费和业务宣传费扣除限额（4×5）	12 213 961.95
7	五、本年结转以后年度扣除额（3＞6，本行＝3－6；3≤6，本行＝0）	0.00
8	加：以前年度累计结转扣除额	112 622.00
9	减：本年扣除的以前年度结转额［3＞6，本行＝0；3≤6，本行＝8与（6－3）孰小值］	112 622.00
10	六、按照分摊协议归集至其他关联方的广告费和业务宣传费（10≤3与6孰小值）	0.00
11	按照分摊协议从其他关联方归集至本企业的广告费和业务宣传费	0.00
12	七、本年广告费和业务宣传费支出纳税调整金额（3＞6，本行＝2＋3－6＋10－11；3≤6，本行＝2－9＋10－11）	－112 622.00
13	八、累计结转以后年度扣除额（7＋8－9）	0.00

A105060《广告费和业务宣传费跨年度纳税调整明细表》填报说明

本表适用于发生广告费和业务宣传费纳税调整项目（含广告费和业务宣传费结转）的纳税人填报。纳税人根据税法、《财政部 国家税务总局关于广告费和业务宣传费支出税前扣除政策的通知》（财税〔2012〕48号）等相关规定，以及国家统一企业会计制度，填报广告费和业务宣传费会计处理、税收规定，以及跨年度纳税调整情况。

一、有关项目填报说明

1. 第1行“一、本年广告费和业务宣传费支出”：填报纳税人会计核算计入本年损益的广告费和业务宣传费用金额。

2. 第2行“减：不允许扣除的广告费和业务宣传费支出”：填报税收规定不允许扣除的广告费和业务宣传费支出金额。

3. 第3行“二、本年符合条件的广告费和业务宣传费支出”：填报第1－2行的余额。

4. 第4行“三、本年计算广告费和业务宣传费扣除限额的销售（营业）收入”：填报按照税收规定计算广告费和业务宣传费扣除限额的当年销售（营业）收入。

5. 第5行“税收规定扣除率”：填报税收规定的扣除比例。

6. 第6行“四、本企业计算的广告费和业务宣传费扣除限额”：填报第4×5行的金额。

7. 第7行“五、本年结转以后年度扣除额”：若第3行＞第6行，填报第3－6行的余额；若第3行≤第6行，填报0。

8. 第8行“加：以前年度累计结转扣除额”：填报以前年度允许税前扣除但超过扣除限额未扣除、结转扣除的广告费和业务宣传费的金额。

9. 第9行“减：本年扣除的以前年度结转额”：若第3行＞第6行，填0；若第3行≤第6行，填报第6－3行与第8行孰小值。

10. 第10行“六、按照分摊协议归集至其他关联方的广告费和业务宣传费”：填报签订广告费和业务宣传费分摊协议（以下简称分摊协议）的关联企业的一方，按照分摊协议，将其发生的不超过当年销售（营业）收入税前扣除限额比例内的广告费和业务宣传费支出归集至其他关联方扣除的广告费和业务宣传费，本行应≤第3行与第6行孰小值。

11. 第11行“按照分摊协议从其他关联方归集至本企业的广告费和业务宣传费”：填报

签订广告费和业务宣传费分摊协议（以下简称分摊协议）的关联企业的一方，按照分摊协议，从其他关联方归集至本企业的广告费和业务宣传费。

12. 第 12 行“七、本年广告费和业务宣传费支出纳税调整金额”：若第 3 行>第 6 行，填报第 2＋3－6＋10－11 行的金额；若第 3 行≤第 6 行，填报第 2＋10－11－9 行的金额。

13. 第 13 行“八、累计结转以后年度扣除额”：填报第 7＋8－9 行的金额。

二、表内、表间关系

（一）表内关系

1. 第 3 行＝第 1－2 行。
2. 第 6 行＝第 4×5 行。
3. 若第 3>6 行，第 7 行＝第 3－6 行；若第 3≤6 行，第 7 行＝0。
4. 若第 3>6 行，第 9 行＝0；若第 3≤6 行，第 9 行＝第 8 行与第 6－3 行的孰小值。
5. 若第 3>6 行，第 12 行＝2＋3－6＋10－11 行；若第 3≤6 行，第 12 行＝第 2－9＋10－11 行。
6. 第 13 行＝第 7＋8－9 行。

（二）表间关系

若第 12 行≥0，第 12 行＝表 A105000 第 16 行第 3 列；若第 12 行<0，第 12 行的绝对值＝表 A105000 第 16 行第 3 列。

A105070

捐赠支出及纳税调整明细表

行次	项目	账载金额	以前年度结转可扣除的捐赠额	按税收规定计算的扣除限额	税收金额	纳税调增金额	纳税调减金额	可结转以后年度扣除的捐赠额
		1	2	3	4	5	6	7
1	一、非公益性捐赠		*	*	*		*	*
2	二、全额扣除的公益性捐赠	200 000.00	*	*	200 000.00	*	*	*
3	三、限额扣除的公益性捐赠（4+5+6+7）	150 000.00			150 000.00	0.00		0.00
4	前三年度（2015 年）	*	0.00	*	*	*		*
5	前二年度（2016 年）	*	0.00	*	*	*		0.00
6	前一年度（2017 年）	*	0.00	*	*	*		0.00
7	本年（2018 年）	150 000.00	*		150 000.00	0.00	*	0.00
8	合计（1+2+3）	350 000.00	0.00		350 000.00	0.00		0.00

A105070《捐赠支出及纳税调整明细表》填报说明

本表适用于发生捐赠支出（含捐赠支出结转）的纳税人填报。纳税人根据税法、《财政部 国家税务总局关于公益性捐赠税前扣除有关问题的通知》（财税〔2008〕160号）等相关规定，以及国家统一企业会计制度，填报捐赠支出会计处理、税收规定的税前扣除额、捐赠支出结转额以及纳税调整额。纳税人发生相关支出（含捐赠支出结转），无论是否进行纳税调整，均应填报本表。

一、有关项目填报说明

1. 第1行“非公益性捐赠支出”：填报纳税人本年发生且已计入本年损益的税收规定公益性捐赠以外的其他捐赠支出的会计核算、纳税调整情况。具体如下：

（1）第1列“账载金额”：填报纳税人会计核算计入本年损益的税收规定公益性捐赠以外的其他捐赠支出金额。

（2）第5列“纳税调增额”：填报非公益性捐赠支出纳税调整增加额，金额等于第1列“账载金额”。

2. 第2行“全额扣除的公益性捐赠支出”：填报纳税人发生的可全额税前扣除的公益性捐赠支出。具体如下：

（1）第1列“账载金额”：填报纳税人本年发生的会计核算计入本年损益的按税收规定可全额税前扣除的捐赠支出金额。

（2）第4列“税收金额”：等于第1列“账载金额”。

3. 第3行“限额扣除的公益性捐赠支出”：填报纳税人本年发生的限额扣除的公益性捐赠支出、纳税调整额、以前年度结转扣除捐赠支出等。第3行等于第4＋5＋6＋7行。其中本行第4列“税收金额”：当本行第1列＋第2列大于第3列时，第4列＝第3列；当本行第1列＋第2列小于等于第3列时，第4列＝第1列＋第2列。

4. 第4行“前三年度”：填报纳税人前三年度发生的未税前扣除的公益性捐赠支出在本年度扣除的金额。具体如下：

（1）第2列“以前年度结转可扣除的捐赠额”：填报前三年度发生的尚未税前扣除的公益性捐赠支出金额。

（2）第6列“纳税调减额”：根据本年扣除限额以及前三年度未扣除的公益性捐赠支出

分析填报。

5. 第5行“前二年度”：填报纳税人前二年度发生的未税前扣除的公益性捐赠支出在本年度扣除的捐赠额以及结转以后年度扣除的捐赠额。具体如下：

（1）第2列“以前年度结转可扣除的捐赠额”：填报前二年度发生的尚未税前扣除的公益性捐赠支出金额。

（2）第6列“纳税调减额”：根据本年剩余扣除限额、本年扣除前三年度捐赠支出、前二年度未扣除的公益性捐赠支出分析填报。

（3）第7列“可结转以后年度扣除的捐赠额”：填报前二年度未扣除、结转以后年度扣除的公益性捐赠支出金额。

6. 第6行“前一年度”：填报纳税人前一年度发生的未税前扣除的公益性捐赠支出在本年度扣除的捐赠额以及结转以后年度扣除的捐赠额。具体如下：

（1）第2列“以前年度结转可扣除的捐赠额”：填报前一年度发生的尚未税前扣除的公益性捐赠支出金额。

（2）第6列“纳税调减额”：根据本年剩余扣除限额、本年扣除前三年度捐赠支出、本年扣除前二年度捐赠支出、前一年度未扣除的公益性捐赠支出分析填报。

（3）第7列“可结转以后年度扣除的捐赠额”：填报前一年度未扣除、结转以后年度扣除的公益性捐赠支出金额。

7. 第7行“本年”：填报纳税人本年度发生、本年税前扣除、本年纳税调增以及结转以后年度扣除的公益性捐赠支出。具体如下：

（1）第1列“账载金额”：填报本年会计核算计入本年损益的公益性捐赠支出金额。

（2）第3列“按税收规定计算的扣除限额”：填报按照本年利润总额乘以12％的金额，若利润总额为负数，则以0填报。

（3）第4列“税收金额”：填报本年实际发生的公益性捐赠支出以及结转扣除以前年度公益性捐赠支出情况分析填报。

（4）第5列“纳税调增额”：填报本年公益性捐赠支出账载金额超过税收规定的税前扣除额的部分。

（5）第7列“可结转以后年度扣除的捐赠额”：填报本年度未扣除、结转以后年度扣除的公益性捐赠支出金额。

8. 第8行“合计”：填报第1＋2＋3行的合计金额。

二、表内、表间关系

（一）表内关系

1. 第1行第5列＝第1行第1列。

2. 第 2 行第 4 列＝第 2 行第 1 列。

3. 第 3 行＝第 4＋5＋6＋7 行。

4. 第 8 行＝第 1＋2＋3 行。

（二）表间关系

1. 第 7 行第 3 列＝表 A100000 第 13 行×12％（当表 A100000 第 13 行≤0，第 7 行第 3 列＝0）。

2. 第 8 行第 1 列＝表 A105000 第 17 行第 1 列；第 8 行第 4 列＝表 A105000 第 17 行第 2 列；第 8 行第 5 列＝表 A105000 第 17 行第 3 列；第 8 行第 6 列＝表 A105000 第 17 行第 4 列。

A105080

资产折旧、摊销及纳税调整明细表

行次	项目		账载金额			税收金额					纳税调整金额
			资产原值	本年折旧、摊销额	累计折旧、摊销额	资产计税基础	税收折旧、摊销额	享受加速折旧政策的资产按税收一般规定计算的折旧、摊销额	加速折旧、摊销统计额	累计折旧、摊销额	
			1	2	3	4	5	6	7=5−6	8	9(2−5)
1	一、固定资产（2+3+4+5+6+7）		42 800 000.00	2 610 000.00	10 440 000.00	42 800 000.00	2 610 000.00	*	*	10 440 000.00	0.00
2	所有固定资产	（一）房屋、建筑物	34 600 000.00	1 730 000.00	6 920 000.00	34 600 000.00	1 730 000.00	*	*	6 920 000.00	0.00
3		（二）飞机、火车、轮船、机器、机械和其他生产设备	6 800 000.00	680 000.00	2 720 000.00	6 800 000.00	680 000.00	*	*	2 720 000.00	0.00
4		（三）与生产经营活动有关的器具、工具、家具等						*	*		
5		（四）飞机、火车、轮船以外的运输工具	800 000.00	80 000.00	320 000.00	800 000.00	80 000.00	*	*	320 000.00	0.00
6		（五）电子设备	600 000.00	120 000.00	480 000.00	600 000.00	120 000.00	*	*	480 000.00	0.00
7		（六）其他						*	*		
8	其中：享受固定资产加速折旧及一次性扣除政策的资产加速折旧额大于一般折旧额的部分	（一）重要行业固定资产加速折旧（不含一次性扣除）									*
9		（二）其他行业研发设备加速折旧									*
10		（三）固定资产一次性扣除									*
11		（四）技术进步、更新换代固定资产									*
12		（五）常年强震动、高腐蚀固定资产									*
13		（六）外购软件折旧									*
14		（七）集成电路企业生产设备									*

续表

行次	项目	账载金额			税收金额					纳税调整金额
		资产原值	本年折旧、摊销额	累计折旧、摊销额	资产计税基础	税收折旧、摊销额	享受加速折旧政策的资产按税收一般规定计算的折旧、摊销额	加速折旧、摊销统计额	累计折旧、摊销额	
		1	2	3	4	5	6	7=5−6	8	9(2−5)
15	二、生产性生物资产（16+17）						*	*		
16	（一）林木类						*	*		
17	（二）畜类						*	*		
18	三、无形资产（19+20+21+22+23+24+25+27）	5 600 000.00	560 000.00	1 940 000.00	5 600 000.00	560 000.00	*	*	1 940 000.00	0.00
19	（一）专利权	2 000 000.00	200 000.00	800 000.00	2 000 000.00	200 000.00	*	*	800 000.00	0.00
20	（二）商标权	600 000.00	60 000.00	240 000.00	600 000.00	60 000.00	*	*	240 000.00	0.00
21	（三）著作权						*	*		
22	（四）土地使用权						*	*		
23	（五）非专利技术	3 000 000.00	300 000.00	900 000.00	3 000 000.00	300 000.00	*	*	900 000.00	0.00
24	（六）特许权使用费						*	*		
25	（七）软件						*	*		
26	其中：享受企业外购软件加速摊销政策									*
27	（八）其他						*	*		
28	四、长期待摊费用（29+30+31+32+33）						*	*		
29	（一）已足额提取折旧的固定资产的改建支出						*	*		

续表

行次	项目	账载金额			税收金额					纳税调整金额
		资产原值	本年折旧、摊销额	累计折旧、摊销额	资产计税基础	税收折旧、摊销额	享受加速折旧政策的资产按税收一般规定计算的折旧、摊销额	加速折旧、摊销统计额	累计折旧、摊销额	
		1	2	3	4	5	6	7=5−6	8	9(2−5)
30	（二）租入固定资产的改建支出						*	*		
31	（三）固定资产的大修理支出						*	*		
32	（四）开办费						*	*		
33	（五）其他						*	*		
34	五、油气勘探投资						*	*		
35	六、油气开发投资						*	*		
36	合计（1+15+18+28+34+35）	48 400 000.00	3 170 000.00	12 380 000.00	48 400 000.00	3 170 000.00			12 380 000.00	0.00
附列资料	全民所有制企业公司制改制资产评估增值政策资产						*	*		

A105080《资产折旧、摊销及纳税调整明细表》填报说明

本表适用于发生资产折旧、摊销的纳税人填报。纳税人根据税法、《国家税务总局关于企业固定资产加速折旧所得税处理有关问题的通知》（国税发〔2009〕81号）、《国家税务总局关于融资性售后回租业务中承租方出售资产行为有关税收问题的公告》（国家税务总局公告2010年第13号）、《国家税务总局关于企业所得税若干问题的公告》（国家税务总局公告2011年第34号）、《国家税务总局关于发布〈企业所得税政策性搬迁所得税管理办法〉的公告》（国家税务总局公告2012年第40号）、《财政部 国家税务总局关于进一步鼓励软件产业和集成电路产业发展企业所得税政策的通知》（财税〔2012〕27号）、《国家税务总局关于企业所得税应纳税所得额若干问题的公告》（国家税务总局公告2014年第29号）、《财政部 国家税务总局关于完善固定资产加速折旧税收政策有关问题的通知》（财税〔2014〕75号）、《财政部 国家税务总局关于进一步完善固定资产加速折旧企业所得税政策的通知》（财税〔2015〕106号）、《国家税务总局关于全民所有制企业公司制改制企业所得税处理问题的公告》（国家税务总局公告2017年第34号）、《财政部 税务总局关于设备器具扣除有关企业所得税政策的通知》（财税〔2018〕54号）、《国家税务总局关于设备器具扣除有关企业所得税政策执行问题的公告》（国家税务总局公告2018年第46号）等相关规定，以及国家统一企业会计制度，填报资产折旧、摊销的会计处理、税收规定，以及纳税调整情况。纳税人只要发生相关事项，均需填报本表。

一、有关项目填报说明

（一）列次填报

对于不征税收入形成的资产，其折旧、摊销额不得税前扣除。第4列至第8列税收金额不包含不征税收入所形成资产的折旧、摊销额。

1．第1列“资产原值”：填报纳税人会计处理计提折旧、摊销的资产原值（或历史成本）的金额。

2．第2列“本年折旧、摊销额”：填报纳税人会计核算的本年资产折旧、摊销额。

3．第3列“累计折旧、摊销额”：填报纳税人会计核算的累计（含本年）资产折旧、摊销额。

4．第4列“资产计税基础”：填报纳税人按照税收规定据以计算折旧、摊销的资产原值

（或历史成本）的金额。

5. 第5列“税收折旧、摊销额”：填报纳税人按照税收规定计算的允许税前扣除的本年资产折旧、摊销额。

第8行至第14行、第26行第5列“税收折旧、摊销额”：填报享受相关加速折旧、摊销优惠政策的资产，采取税收加速折旧、摊销或一次性扣除方式计算的税收折旧额合计金额、摊销额合计金额。本列仅填报“税收折旧、摊销额”大于“享受加速折旧政策的资产按税收一般规定计算的折旧、摊销额”月份的金额合计。如，享受加速折旧、摊销优惠政策的资产，发生本年度某些月份其“税收折旧、摊销额”大于“享受加速折旧政策的资产按税收一般规定计算的折旧、摊销额”，其余月份其“税收折旧、摊销额”小于“享受加速折旧政策的资产按税收一般规定计算的折旧、摊销额”的情形，仅填报“税收折旧、摊销额”大于“享受加速折旧政策的资产按税收一般规定计算的折旧、摊销额”月份的税收折旧额合计金额、摊销额合计金额。

6. 第6列“享受加速折旧政策的资产按税收一般规定计算的折旧、摊销额”：仅适用于第8行至第14行、第26行，填报纳税人享受加速折旧、摊销优惠政策的资产，按照税收一般规定计算的折旧额合计金额、摊销额合计金额。按照税收一般规定计算的折旧、摊销额，是指该资产在不享受加速折旧、摊销优惠政策情况下，按照税收规定的最低折旧年限以直线法计算的折旧额、摊销额。本列仅填报“税收折旧、摊销额”大于“享受加速折旧政策的资产按税收一般规定计算的折旧、摊销额”月份的按税收一般规定计算的折旧额合计金额、摊销额合计金额。

7. 第7列“加速折旧、摊销统计额”：用于统计纳税人享受各类固定资产加速折旧政策的优惠金额，按第5－6列金额填报。

8. 第8列“累计折旧、摊销额”：填报纳税人按照税收规定计算的累计（含本年）资产折旧、摊销额。

9. 第9列“纳税调整金额”：填报第2－5列金额。

（二）行次填报

1. 第2行至第7行、第16行至第17行、第19行至第25行、第27行、第29行至第35行：填报各类资产有关情况。

2. 第8行至第14行、第26行：填报纳税人享受相关加速折旧、摊销优惠政策的资产有关情况及优惠统计情况。

第8行“（一）重要行业固定资产加速折旧”：适用于符合财税〔2014〕75号和财税〔2015〕106号文件规定的生物药品制造业，专用设备制造业，铁路、船舶、航空航天和其他运输设备制造业，计算机、通信和其他电子设备制造业，仪器仪表制造业，信息传输、软件和信息技术服务业6个行业，以及轻工、纺织、机械、汽车四大领域18个行业（简称

“重要行业”）的企业填报，填报新购进固定资产享受加速折旧政策的有关情况及优惠统计情况。重要行业纳税人按照上述文件规定享受固定资产一次性扣除政策的资产情况在第 10 行“（三）固定资产一次性扣除”中填报。

第 9 行“（二）其他行业研发设备加速折旧”：适用于重要行业以外的其他企业填报，填报单位价值超过 100 万元以上专用研发设备采取缩短折旧年限或加速折旧方法的有关情况及优惠统计情况。

第 10 行“（三）固定资产一次性扣除”：填报新购进单位价值不超过 500 万元的设备、器具等，按照税收规定一次性扣除的有关情况及优惠统计情况。

第 11 行“（四）技术进步、更新换代固定资产”：填报固定资产因技术进步、产品更新换代较快而按税收规定享受固定资产加速折旧政策的有关情况及优惠统计情况。

第 12 行“（五）常年强震动、高腐蚀固定资产”：填报常年处于强震动、高腐蚀状态的固定资产按税收规定享受固定资产加速折旧政策的有关情况及优惠统计情况。

第 13 行“（六）外购软件折旧”：填报企业外购软件作为固定资产处理，按财税〔2012〕27 号文件规定享受加速折旧政策的有关情况及优惠统计情况。

第 14 行“（七）集成电路企业生产设备”：填报集成电路生产企业的生产设备，按照财税〔2012〕27 号文件规定享受加速折旧政策的有关情况及优惠统计情况。

第 26 行“享受企业外购软件加速摊销政策”：填报企业外购软件作无形资产处理，按财税〔2012〕27 号文件规定享受加速摊销政策的有关情况及优惠统计情况。

附列资料“全民所有制企业公司制改制资产评估增值政策资产”：填报企业按照国家税务总局公告 2017 年第 34 号文件规定，执行“改制中资产评估增值不计入应纳税所得额，资产的计税基础按其原有计税基础确定，资产增值部分的折旧或者摊销不得在税前扣除”政策的有关情况。本行不参与计算，仅用于统计享受全民所有制企业公司制改制资产评估增值政策资产的有关情况，相关资产折旧、摊销情况及调整情况在第 1 行至第 36 行填报。

二、表内、表间关系

（一）表内关系

1. 第 1 行＝第 2＋3＋…＋7 行。

2. 第 15 行＝第 16＋17 行。

3. 第 18 行＝第 19＋20＋21＋22＋23＋24＋25＋27 行。

4. 第 28 行＝第 29＋30＋31＋32＋33 行。

5. 第 36 行＝第 1＋15＋18＋28＋34＋35 行。（其中第 36 行第 6 列＝第 8＋9＋10＋11＋12＋13＋14＋26 行第 6 列；第 36 行第 7 列＝第 8＋9＋10＋11＋12＋13＋14＋26 行第 7 列）。

6. 第 7 列＝第 5－6 列。

7. 第 9 列＝第 2－5 列。

（二）表间关系

1. 第 36 行第 2 列＝表 A105000 第 32 行第 1 列。

2. 第 36 行第 5 列＝表 A105000 第 32 行第 2 列。

3. 若第 36 行第 9 列≥0，第 36 行第 9 列＝表 A105000 第 32 行第 3 列；若第 36 行第 9 列＜0，第 36 行第 9 列的绝对值＝表 A105000 第 32 行第 4 列。

A106000

企业所得税弥补亏损明细表

行次	项目	年度	当年境内所得额	分立转出的亏损额	合并、分立转入的亏损额		弥补亏损企业类型	当年亏损额	当年待弥补的亏损额	用本年度所得额弥补的以前年度亏损额		当年可结转以后年度弥补的亏损额
					可弥补年限5年	可弥补年限10年				使用境内所得弥补	使用境外所得弥补	
		1	2	3	4	5	6	7	8	9	10	11
1	前十年度											
2	前九年度											
3	前八年度											
4	前七年度											
5	前六年度											
6	前五年度											
7	前四年度											
8	前三年度	2015年	−808 866.10	0.00	0.00		100	808 866.10	808 866.10	0.00	0.00	808 866.10
9	前二年度	2016年	253 906.20	0.00	0.00		100	808 866.10	808 866.10	253 906.20	0.00	554 959.90
10	前一年度	2017年	352 950.60	0.00	0.00		100	554 959.90	554 959.90	352 950.60	0.00	202 009.30
11	本年度	2018年	6 172 077.93	0.00	0.00		100	202 009.30	202 009.30	202 009.30	0.00	0.00
12	可结转以后年度弥补的亏损额合计											0.00

A106000《企业所得税弥补亏损明细表》填报说明

本表适用于发生弥补亏损、亏损结转等事项的纳税人填报。纳税人应当根据税法、《财政部 税务总局关于延长高新技术企业和科技型中小企业亏损结转年限的通知》（财税〔2018〕76号）、《国家税务总局关于延长高新技术企业和科技型中小企业亏损结转弥补年限有关企业所得税处理问题的公告》（国家税务总局公告2018年第45号）等相关规定，填报本表。

一、有关项目填报说明

纳税人弥补以前年度亏损时，应按照“先到期亏损先弥补、同时到期亏损先发生的先弥补”的原则处理。

1. 第1列“年度”：填报公历年度。纳税人应首先填报第11行“本年度”对应的公历年度，再依次从第10行往第1行倒推填报以前年度。纳税人发生政策性搬迁事项，如停止生产经营活动年度可以从法定亏损结转弥补年限中减除，则按可弥补亏损年度进行填报。本年度是指申报所属期年度，如：纳税人在2019年5月10日进行2018年度企业所得税年度纳税申时，本年度（申报所属期年度）为2018年。

2. 第2列“当年境内所得额”：第11行填报表A100000第19－20行金额。第1行至第10行填报以前年度主表第23行（2013年及以前纳税年度）、以前年度表A106000第6行第2列（2014至2017纳税年度）、以前年度表A106000第11行第2列的金额（亏损以“－”号填列）。发生查补以前年度应纳税所得额、追补以前年度未能税前扣除的实际资产损失等情况的，按照相应调整后的金额填报。

3. 第3列“分立转出的亏损额”：填报本年度企业分立按照企业重组特殊性税务处理规定转出的符合条件的亏损额。分立转出的亏损额按亏损所属年度填报，转出亏损的亏损额以正数表示。

4. 第4列“合并、分立转入的亏损额－可弥补年限5年”：填报企业符合企业重组特殊性税务处理规定，因合并或分立本年度转入的不超过5年亏损弥补年限规定的亏损额。合并、分立转入的亏损额按亏损所属年度填报，转入亏损以负数表示。

5. 第5列“合并、分立转入的亏损额－可弥补年限10年”：填报企业符合企业重组特殊性税务处理规定，因合并或分立本年度转入的不超过10年亏损弥补年限规定的亏损额。

合并、分立转入的亏损额按亏损所属年度填报，转入亏损以负数表示。

6. 第6列“弥补亏损企业类型”：纳税人根据不同年度情况从《弥补亏损企业类型代码表》中选择相应的代码填入本项。不同类型纳税人的亏损结转年限不同，纳税人选择“一般企业”是指亏损结转年限为5年的纳税人；“符合条件的高新技术企业”“符合条件的科技型中小企业”是指符合《财政部 税务总局关于延长高新技术企业和科技型中小企业亏损结转年限的通知》（财税〔2018〕76号）、《国家税务总局关于延长高新技术企业和科技型中小企业亏损结转弥补年限有关企业所得税处理问题的公告》（国家税务总局公告2018年第45号）等文件规定的，亏损结转年限为10年的纳税人。

弥补亏损企业类型代码表

代码	类型
100	一般企业
200	符合条件的高新技术企业
300	符合条件的科技型中小企业

7. 第7列“当年亏损额”：填报纳税人各年度可弥补亏损额的合计金额。

8. 第8列“当年待弥补的亏损额”：填报在用本年度（申报所属期年度）所得额弥补亏损前，当年度尚未被弥补的亏损额。

9. 第9列“用本年度所得额弥补的以前年度亏损额—使用境内所得弥补”：第1行至第10行，当第11行第2列本年度（申报所属期年度）的“当年境内所得额”>0时，填报各年度被本年度（申报所属期年度）境内所得依次弥补的亏损额。本列第11行，填报本列第1行至第10行的合计金额，表A100000第21行填报本项金额。

10. 第10列“用本年度所得额弥补的以前年度亏损额—使用境外所得弥补”：第1行至第10行，当纳税人选择用境外所得弥补境内以前年度亏损的，填报各年度被本年度（申报所属期年度）境外所得依次弥补的亏损额。本列第11行，填报本列第1行至第10行的合计金额。

11. 第11列“当年可结转以后年度弥补的亏损额”：第1行至第11行，填报各年度尚未弥补完的且准予结转以后年度弥补的亏损额。本列第12行，填报本列第1行至第11行的合计金额。

二、表内、表间关系

（一）表内关系

1. 当第2列<0且第3列>0时，第3列<第2列的绝对值；当第2列≥0时，则第3列=0。

2. 第9列第11行=第9列第1+2+3+4+5+6+7+8+9+10行；当第2列第11行≤0时，第9列第1行至第11行=0；当第2列第11行>0时，第9列第11行≤第2列第11行。

3. 第10列第11行=第10列第1+2+3+4+5+6+7+8+9+10行。

4. 第11列第12行=第11列第1+2+3+4+5+6+7+8+9+10+11行。

5. 第1行第11列=0；第2至10行第11列=第8-9-10列；第11行第11列=第8列。

（二）表间关系

1. 第11行第2列=表A100000第19-20行。

2. 第11行第9列=表A100000第21行。

3. 第11行第10列=表A108000第10行第6列-表A100000第18行。

A107010　　免税、减计收入及加计扣除优惠明细表

行次	项目	金额
1	一、免税收入（2+3+6+7+8+9+10+11+12+13+14+15+16）	806 000.00
2	（一）国债利息收入免征企业所得税	6 000.00
3	（二）符合条件的居民企业之间的股息、红利等权益性投资收益免征企业所得税（填写 A107011）	800 000.00
4	其中：内地居民企业通过沪港通投资且连续持有 H 股满 12 个月取得的股息红利所得免征企业所得税（填写 A107011）	0.00
5	内地居民企业通过深港通投资且连续持有 H 股满 12 个月取得的股息红利所得免征企业所得税（填写 A107011）	0.00
6	（三）符合条件的非营利组织的收入免征企业所得税	
7	（四）符合条件的非营利组织（科技企业孵化器）的收入免征企业所得税	
8	（五）符合条件的非营利组织（国家大学科技园）的收入免征企业所得税	
9	（六）中国清洁发展机制基金取得的收入免征企业所得税	
10	（七）投资者从证券投资基金分配中取得的收入免征企业所得税	
11	（八）取得的地方政府债券利息收入免征企业所得税	
12	（九）中国保险保障基金有限责任公司取得的保险保障基金等收入免征企业所得税	
13	（十）中国奥委会取得北京冬奥组委支付的收入免征企业所得税	
14	（十一）中国残奥委会取得北京冬奥组委分期支付的收入免征企业所得税	
15	（十二）其他 1	
16	（十三）其他 2	
17	二、减计收入（18+19+23+24）	
18	（一）综合利用资源生产产品取得的收入在计算应纳税所得额时减计收入	
19	（二）金融、保险等机构取得的涉农利息、保费减计收入（20+21+22）	
20	1. 金融机构取得的涉农贷款利息收入在计算应纳税所得额时减计收入	
21	2. 保险机构取得的涉农保费收入在计算应纳税所得额时减计收入	
22	3. 小额贷款公司取得的农户小额贷款利息收入在计算应纳税所得额时减计收入	
23	（三）取得铁路债券利息收入减半征收企业所得税	
24	（四）其他	
25	三、加计扣除（26+27+28+29+30）	225 000.00
26	（一）开发新技术、新产品、新工艺发生的研究开发费用加计扣除（填写 A107012）	225000.00
27	（二）科技型中小企业开发新技术、新产品、新工艺发生的研究开发费用加计扣除（填写 A107012）	
28	（三）企业为获得创新性、创意性、突破性的产品进行创意设计活动而发生的相关费用加计扣除	
29	（四）安置残疾人员所支付的工资加计扣除	
30	（五）其他	
31	合计（1+17+25）	1 031 000.00

A107010《免税、减计收入及加计扣除优惠明细表》填报说明

本表适用于享受免税收入、减计收入和加计扣除优惠的纳税人填报。纳税人根据税法及相关税收政策规定，填报本年发生的免税收入、减计收入和加计扣除优惠情况。

一、有关项目填报说明

1. 第1行“一、免税收入”：填报第2＋3＋6＋7＋8＋9＋10＋11＋12＋13＋14＋15＋16行金额。

2. 第2行“(一) 国债利息收入免征企业所得税”：填报纳税人根据《国家税务总局关于企业国债投资业务企业所得税处理问题的公告》(国家税务总局公告2011年第36号) 等相关税收政策规定，持有国务院财政部门发行的国债取得的利息收入。

3. 第3行“(二) 符合条件的居民企业之间的股息、红利等权益性投资收益免征企业所得税”：填报《符合条件的居民企业之间的股息、红利等权益性投资收益明细表》(A107011) 第8行第17列金额。

4. 第4行“内地居民企业通过沪港通投资且连续持有H股满12个月取得的股息红利所得免征企业所得税”：填报根据《财政部 国家税务总局 证监会关于沪港股票市场交易互联互通机制试点有关税收政策的通知》(财税〔2014〕81号) 等相关税收政策规定，内地居民企业连续持有H股满12个月取得的股息红利所得，按表A107011第9行第17列金额填报。

5. 第5行“内地居民企业通过深港通投资且连续持有H股满12个月取得的股息红利所得免征企业所得税”：填报根据《财政部 国家税务总局证监会关于深港股票市场交易互联互通机制试点有关税收政策的通知》(财税〔2016〕127号) 等相关税收政策规定，内地居民企业连续持有H股满12个月取得的股息红利所得，按表A107011第10行第17列金额填报。

6. 第6行“(三) 符合条件的非营利组织的收入免征企业所得税”：填报纳税人根据税法、《财政部 国家税务总局关于非营利组织企业所得税免税收入问题的通知》(财税〔2009〕122号)、《财政部 税务总局关于非营利组织免税资格认定管理有关问题的通知》(财税〔2018〕13号) 等相关税收政策规定，同时符合条件并依法履行登记手续的非营利组织，取得的捐赠收入等免税收入，不包括从事营利性活动所取得的收入。当表A000000的“207非

营利组织”选择“是”时，本行可以填报，否则不得填报。

7. 第7行“(四) 符合条件的非营利组织（科技企业孵化器）的收入免征企业所得税”：填报根据税法、财税〔2009〕122号、财税〔2018〕13号和《财政部 国家税务总局关于科技企业孵化器税收政策的通知》（财税〔2016〕89号）等相关税收政策规定，符合非营利组织条件的科技企业孵化器的收入。当表A000000的“207 非营利组织”选择“是”时，本行可以填报，否则不得填报。

8. 第8行“(五) 符合条件的非营利组织（国家大学科技园）的收入免征企业所得税”：填报根据税法、财税〔2009〕122号、财税〔2018〕13号和《财政部 国家税务总局关于国家大学科技园税收政策的通知》（财税〔2016〕98号）等相关税收政策规定，符合非营利组织条件的科技园的收入。当表A000000的“207 非营利组织”选择“是”时，本行可以填报，否则不得填报。

9. 第9行“(六) 中国清洁发展机制基金取得的收入免征企业所得税”：填报中国清洁发展机制基金根据《财政部 国家税务总局关于中国清洁发展机制基金及清洁发展机制项目实施企业有关企业所得税政策问题的通知》（财税〔2009〕30号）等相关税收政策规定，取得的CDM项目温室气体减排量转让收入上缴国家的部分，国际金融组织赠款收入，基金资金的存款利息收入，购买国债的利息收入，国内外机构、组织和个人的捐赠收入。

10. 第10行“(七) 投资者从证券投资基金分配中取得的收入免征企业所得税”：填报纳税人根据《财政部 国家税务总局关于企业所得税若干优惠政策的通知》（财税〔2008〕1号）第二条第（二）项等相关税收政策规定，投资者从证券投资基金分配中取得的收入。

11. 第11行“(八) 取得的地方政府债券利息收入免征企业所得税”：填报纳税人根据《财政部 国家税务总局关于地方政府债券利息所得免征所得税问题的通知》（财税〔2011〕76号）、《财政部 国家税务总局关于地方政府债券利息免征所得税问题的通知》（财税〔2013〕5号）等相关税收政策规定，取得的2009年、2010年和2011年发行的地方政府债券利息所得，2012年及以后年度发行的地方政府债券利息收入。

12. 第12行“(九) 中国保险保障基金有限责任公司取得的保险保障基金等收入免征企业所得税”：填报中国保险保障基金有限责任公司根据《财政部 税务总局关于保险保障基金有关税收政策问题的通知》（财税〔2018〕41号）等相关税收政策规定，按《保险保障基金管理办法》规定取得的境内保险公司依法缴纳的保险保障基金；依法从撤销或破产保险公司清算财产中获得的受偿收入和向有关责任方追偿所得，以及依法从保险公司风险处置中获得的财产转让所得；捐赠所得；银行存款利息收入；购买政府债券、中央银行、中央企业和中央级金融机构发行债券的利息收入；国务院批准的其他资金运用取得的收入。

13. 第13行“(十) 中国奥委会取得北京冬奥组委支付的收入免征企业所得税”：根据《财政部 税务总局 海关总署关于北京2022年冬奥会和冬残奥会税收政策的通知》（财税〔2017〕60号）等相关税收政策规定，中国奥委会填报按中国奥委会、主办城市签订的《联合市场开发计划协议》和中国奥委会、主办城市、国际奥委会签订的《主办城市合同》取得的由北京冬奥组委分期支付的收入、按比例支付的盈余分成收入。

14. 第14行“(十一) 中国残奥委会取得北京冬奥组委分期支付的收入免征企业所得税”: 填报根据财税〔2017〕60号文件等相关税收政策规定，中国残奥委会按照《联合市场开发计划协议》取得的由北京冬奥组委分期支付的收入。

15. 第15行“(十二) 其他1”: 填报纳税人享受的其他减免税项目名称、减免税代码及免税收入金额。

16. 第16行“(十三) 其他2”: 填报纳税人享受的其他减免税项目名称、减免税代码及免税收入金额。

17. 第17行“二、减计收入”: 填报第18+19+23+24行金额。

18. 第18行“(一) 综合利用资源生产产品取得的收入在计算应纳税所得额时减计收入”: 填报纳税人综合利用资源生产产品取得的收入总额乘以10%的金额。

19. 第19行“(二) 金融、保险等机构取得的涉农利息、保费减计收入”: 填报金融、保险等机构取得的涉农利息、保费收入减计收入的金额，按第20+21+22行金额填报。

20. 第20行“1. 金融机构取得的涉农贷款利息收入在计算应纳税所得额时减计收入”: 填报纳税人取得农户小额贷款利息收入总额乘以10%的金额。

21. 第21行“2. 保险机构取得的涉农保费收入在计算应纳税所得额时减计收入”: 填报保险公司为种植业、养殖业提供保险业务取得的保费收入总额乘以10%的金额。其中保费收入总额=原保费收入+分保费收入−分出保费。

22. 第22行“3. 小额贷款公司取得的农户小额贷款利息收入在计算应纳税所得额时减计收入”: 填报按照《财政部 税务总局关于小额贷款公司有关税收政策的通知》(财税〔2017〕48号) 等相关税收政策规定，对经省级金融管理部门 (金融办、局等) 批准成立的小额贷款公司取得的农户小额贷款利息收入乘以10%的金额。

23. 第23行“(三) 取得铁路债券利息收入减半征收企业所得税”: 填报纳税人根据《财政部 国家税务总局关于铁路建设债券利息收入企业所得税政策的通知》(财税〔2011〕99号)、《财政部 国家税务总局关于2014 2015年铁路建设债券利息收入企业所得税政策的通知》(财税〔2014〕2号) 及《财政部 国家税务总局关于铁路债券利息收入所得税政策问题的通知》(财税〔2016〕30号) 等相关税收政策规定，企业持有中国铁路建设铁路债券等企业债券取得的利息收入乘以50%的金额。

24. 第24行“(四) 其他”: 填报纳税人享受的其他减免税项目名称、减免税代码及减计收入金额。

25. 第25行“三、加计扣除”: 填报第26+27+28+29+30行的合计金额。

26. 第26行“(一) 开发新技术、新产品、新工艺发生的研究开发费用加计扣除”: 当表A000000“210-3”项目未填有入库编号时，填报表A107012第51行金额。本行与第27

行不可同时填报。

27. 第 27 行"（二）科技型中小企业开发新技术、新产品、新工艺发生的研究开发费用加计扣除"：当表 A000000"210-3"项目填有入库编号时，填报表 A107012 第 51 行金额。本行与第 26 行不可同时填报。

28. 第 28 行"（三）企业为获得创新性、创意性、突破性的产品进行创意设计活动而发生的相关费用加计扣除"：填报纳税人根据《财政部 国家税务总局 科技部关于完善研究开发费用税前加计扣除政策的通知》（财税〔2015〕119 号）第二条第四项规定，为获得创新性、创意性、突破性的产品进行创意设计活动而发生的相关费用按照规定进行税前加计扣除的金额。

29. 第 29 行"（四）安置残疾人员所支付的工资加计扣除"：填报纳税人根据《财政部 国家税务总局关于安置残疾人员就业有关企业所得税优惠政策问题的通知》（财税〔2009〕70 号）等相关税收政策规定安置残疾人员的，按照支付给残疾职工工资的 100％加计扣除的金额。

30. 第 30 行"（五）其他"：填报纳税人享受的其他加计扣除项目名称、减免税代码及加计扣除的金额。

31. 第 31 行"合计"：填报第 1＋17＋25 行金额。

二、表内、表间关系

（一）表内关系

1. 第 1 行＝第 2＋3＋6＋7＋8＋9＋10＋11＋12＋13＋14＋15＋16 行。
2. 第 17 行＝第 18＋19＋23＋24 行。
3. 第 19 行＝第 20＋21＋22 行。
4. 第 25 行＝第 26＋27＋28＋29＋30 行。
5. 第 26 行和第 27 行不可同时填报。
6. 第 31 行＝第 1＋17＋25 行。

（二）表间关系

1. 第 3 行＝表 A107011 第 8 行第 17 列。
2. 第 4 行＝表 A107011 第 9 行第 17 列。
3. 第 5 行＝表 A107011 第 10 行第 17 列。
4. 当表 A000000"210-3"项目未填有入库编号时，第 26 行＝表 A107012 第 51 行。
5. 当表 A000000"210-3"项目填有入库编号时，第 27 行＝表 A107012 第 51 行。
6. 第 31 行＝表 A100000 第 17 行。

A107011　符合条件的居民企业之间的股息、红利等权益性投资收益优惠明细表

行次	被投资企业	被投资企业统一社会信用代码（纳税人识别号）	投资性质	投资成本	投资比例	被投资企业利润分配确认金额		被投资企业清算确认金额			撤回或减少投资确认金额						合计
						被投资企业做出利润分配或转股决定时间	依决定归属于本公司的股息、红利等权益性投资收益金额	分得的被投资企业清算剩余资产	被清算企业累计未分配利润和累计盈余公积应享有部分	应确认的股息所得	从被投资企业撤回或减少投资取得的资产	减少投资比例	收回初始投资成本	取得资产中超过收回初始投资成本部分	撤回或减少投资应享有被投资企业累计未分配利润和累计盈余公积	应确认的股息所得	
	1	2	3	4	5	6	7	8	9	10（8与9孰小）	11	12	13（4×12）	14（11－13）	15	16（14与15孰小）	17（7＋10＋16）
1	A企业	91110103158615459L	直接投资	5 000 000.00	60%	2018年5月12日	800 000.00										800 000.00
2																	
3																	
4																	
5																	
6																	
7																	
8	合计																800 000.00
9	其中：股票投资——沪港通H股																0.00
10	股票投资——深港通H股																0.00

A107011《符合条件的居民企业之间的股息、红利等权益性投资收益优惠明细表》填报说明

本表适用于享受符合条件的居民企业之间的股息、红利等权益性投资收益优惠的纳税人填报。纳税人根据税法、《财政部 国家税务总局关于企业清算业务企业所得税处理若干问题的通知》（财税〔2009〕60 号）、《财政部 国家税务总局关于执行企业所得税优惠政策若干问题的通知》（财税〔2009〕69 号）、《国家税务总局关于贯彻落实企业所得税法若干税收问题的通知》（国税函〔2010〕79 号）、《国家税务总局关于企业所得税若干问题的公告》（国家税务总局公告 2011 年第 34 号）、《财政部 国家税务总局 证监会关于沪港股票市场交易互联互通机制试点有关税收政策的通知》（财税〔2014〕81 号）、《财政部 国家税务总局 证监会关于深港股票市场交易互联互通机制试点有关税收政策的通知》（财税〔2016〕127 号）等相关税收政策规定，填报本年发生的符合条件的居民企业之间的股息、红利（包括 H 股）等权益性投资收益优惠情况，不包括连续持有居民企业公开发行并上市流通的股票不足 12 个月取得的投资收益。

一、有关项目填报说明

1. 行次根据投资企业名称和投资性质填报，可以根据情况增加。

2. 第 8 行“合计”：填报第 1＋2＋…＋7 行的第 17 列合计金额，若增行，根据增行后的情况合计。

3. 第 9 行“其中：股票投资——沪港通 H 股”：填报第 1＋2…＋7 行中，“投资性质”列选择“(3) 股票投资（沪港通 H 股投资)”的行次，第 17 列合计金额。

4. 第 10 行“股票投资——深港通 H 股”：填报第 1＋2…＋7 行中，“投资性质”列选择“(4) 股票投资（深港通 H 股投资)”的行次，第 17 列合计金额。

5. 第 1 列“被投资企业”：填报被投资企业名称。

6. 第 2 列“被投资企业统一社会信用代码（纳税人识别号)”：填报被投资企业工商等部门核发的纳税人统一社会信用代码。未取得统一社会信用代码的，填报税务机关核发的纳税人识别号。

7. 第 3 列“投资性质”：按选项填报：(1) 直接投资，(2) 股票投资（不含 H 股)，(3) 股票投资（沪港通 H 股投资)，(4) 股票投资（深港通 H 股投资)。

符合《财政部 国家税务总局 证监会关于沪港股票市场交易互联互通机制试点有关税收

政策的通知》（财税〔2014〕81 号）第一条第（四）项第 1 目规定，享受沪港通 H 股股息红利免税政策的企业，选择“(3) 股票投资（沪港通 H 股投资）”。

符合《财政部 国家税务总局 证监会关于深港股票市场交易互联互通机制试点有关税收政策的通知》（财税〔2016〕127 号）第一条第（四）项第 1 目规定，享受深港通 H 股股息红利免税政策的企业，选择“(4) 股票投资（深港通 H 股投资）”。

8. 第 4 列“投资成本”：填报纳税人投资于被投资企业的计税成本。

9. 第 5 列“投资比例”：填报纳税人投资于被投资企业的股权比例。若购买公开发行股票的，此列可不填报。

10. 第 6 列“被投资企业做出利润分配或转股决定时间”：填报被投资企业做出利润分配或转股决定的时间。

11. 第 7 列“依决定归属于本公司的股息、红利等权益性投资收益金额”：填报纳税人按照投资比例或者其他方法计算的，实际归属于本公司的股息、红利等权益性投资收益金额。若被投资企业将股权（票）溢价所形成的资本公积转为股本的，不作为投资方企业的股息、红利收入，投资方企业也不得增加该项长期投资的计税基础。

12. 第 8 列“分得的被投资企业清算剩余资产”：填报纳税人分得的被投资企业清算后的剩余资产。

13. 第 9 列“被清算企业累计未分配利润和累计盈余公积应享有部分”：填报被清算企业累计未分配利润和累计盈余公积中本企业应享有的金额。

14. 第 10 列“应确认的股息所得”：填报第 7 列与第 8 列孰小值。

15. 第 11 列“从被投资企业撤回或减少投资取得的资产”：填报纳税人从被投资企业撤回或减少投资时取得的资产。

16. 第 12 列“减少投资比例”：填报纳税人撤回或减少的投资额占投资方在被投资企业持有总投资比例。

17. 第 13 列“收回初始投资成本”：填报第 3×11 列的金额。

18. 第 14 列“取得资产中超过收回初始投资成本部分”：填报第 11－13 列的余额。

19. 第 15 列“撤回或减少投资应享有被投资企业累计未分配利润和累计盈余公积”：填报被投资企业累计未分配利润和累计盈余公积按减少实收资本比例计算的部分。

20. 第 16 列“应确认的股息所得”：填报第 13 列与第 14 列孰小值。

21. 第 17 列“合计”：填报第 7＋10＋16 列的合计金额。

二、表内、表间关系

（一）表内关系

1. 第 13 列＝第 4×12 列。

2. 第14列=第11−13列。

3. 第17列=第7+10+16列。

4. 第10列=第8列与第9列孰小值。

5. 第16列=第14列与第15列孰小值。

6. 第8行（“合计”行）=第1+2+…+7行第17列合计。

7. 第9行（“股票投资——沪港通H股”合计行）=第1+2+…+7行中，各行第3列选择“(3) 股票投资（沪港通H股投资)”的行次第17列合计金额。

8. 第10行（“股票投资——深港通H股”合计行）=第1+2…+7行中，各行第3列选择“(4) 股票投资（深港通H股投资)”的行次第17列合计金额。

（二）表间关系

1. 第8行第17列=表A107010第3行。

2. 第9行第17列=表A107010第4行。

3. 第10行第17列=表A107010第5行。

A107012 研发费用加计扣除优惠明细表

行次	项目	金额（数量）
1	本年可享受研发费用加计扣除项目数量	1
2	一、自主研发、合作研发、集中研发（3+7+16+19+23+34）	
3	（一）人员人工费用（4+5+6）	
4	1. 直接从事研发活动人员工资薪金	
5	2. 直接从事研发活动人员五险一金	
6	3. 外聘研发人员的劳务费用	
7	（二）直接投入费用（8+9+10+11+12+13+14+15）	
8	1. 研发活动直接消耗材料费用	
9	2. 研发活动直接消耗燃料费用	
10	3. 研发活动直接消耗动力费用	
11	4. 用于中间试验和产品试制的模具、工艺装备开发及制造费	
12	5. 用于不构成固定资产的样品、样机及一般测试手段购置费	
13	6. 用于试制产品的检验费	
14	7. 用于研发活动的仪器、设备的运行维护、调整、检验、维修等费用	
15	8. 通过经营租赁方式租入的用于研发活动的仪器、设备租赁费	
16	（三）折旧费用（17+18）	
17	1. 用于研发活动的仪器的折旧费	
18	2. 用于研发活动的设备的折旧费	
19	（四）无形资产摊销（20+21+22）	
20	1. 用于研发活动的软件的摊销费用	
21	2. 用于研发活动的专利权的摊销费用	
22	3. 用于研发活动的非专利技术（包括许可证、专有技术、设计和计算方法等）的摊销费用	
23	（五）新产品设计费等（24+25+26+27）	
24	1. 新产品设计费	
25	2. 新工艺规程制定费	
26	3. 新药研制的临床试验费	
27	4. 勘探开发技术的现场试验费	
28	（六）其他相关费用（29+30+31+32+33）	
29	1. 技术图书资料费、资料翻译费、专家咨询费、高新科技研发保险费	

续表

行次	项目	金额（数量）
30	2. 研发成果的检索、分析、评议、论证、鉴定、评审、评估、验收费用	
31	3. 知识产权的申请费、注册费、代理费	
32	4. 职工福利费、补充养老保险费、补充医疗保险费	
33	5. 差旅费、会议费	
34	（七）经限额调整后的其他相关费用	
35	二、委托研发（36＋37＋39）	
36	（一）委托境内机构或个人进行研发活动所发生的费用	
37	（二）委托境外机构进行研发活动发生的费用	
38	其中：允许加计扣除的委托境外机构进行研发活动发生的费用	
39	（三）委托境外个人进行研发活动发生的费用	
40	三、年度研发费用小计（2＋36×80％＋38）	
41	（一）本年费用化金额	
42	（二）本年资本化金额	
43	四、本年形成无形资产摊销额	
44	五、以前年度形成无形资产本年摊销额	300 000.00
45	六、允许扣除的研发费用合计（41＋43＋44）	300 000.00
46	减：特殊收入部分	0.00
47	七、允许扣除的研发费用抵减特殊收入后的金额（45－46）	300 000.00
48	减：当年销售研发活动直接形成产品（包括组成部分）对应的材料部分	0.00
49	减：以前年度销售研发活动直接形成产品（包括组成部分）对应材料部分结转金额	0.00
50	八、加计扣除比例（％）	75
51	九、本年研发费用加计扣除总额（47－48－49）×50	225 000.00
52	十、销售研发活动直接形成产品（包括组成部分）对应材料部分结转以后年度扣减金额（当47－48－49≥0，本行＝0；当47－48－49＜0，本行＝47－48－49的绝对值）	0.00

A107012《研发费用加计扣除优惠明细表》填报说明

本表适用于享受研发费用加计扣除优惠（含结转）政策的纳税人填报。纳税人根据税法、《财政部 国家税务总局 科技部关于完善研究开发费用税前加计扣除政策的通知》（财税〔2015〕119号）、《国家税务总局关于企业研究开发费用税前加计扣除政策有关问题的公告》（国家税务总局公告2015年第97号）、《财政部 税务总局 科技部关于提高科技型中小企业研究开发费用税前加计扣除比例的通知》（财税〔2017〕34号）、《科技部 财政部 国家税务总局关于印发〈科技型中小企业评价办法〉的通知》（国科发政〔2017〕115号）、《国家税务总局关于提高科技型中小企业研究开发费用税前加计扣除比例有关问题的公告》（国家税务总局公告2017年第18号）、《国家税务总局关于研发费用税前加计扣除归集范围有关问题的公告》（国家税务总局公告2017年第40号）、《财政部 税务总局关于企业委托境外研究开发费用税前加计扣除有关政策问题的通知》（财税〔2018〕64号）、《财政部 税务总局 科技部关于提高研究开发费税前加计扣除比例的通知》（财税〔2018〕99号）等相关税收政策规定，填报本年发生的研发费用加计扣除优惠情况及结转情况。

一、有关项目填报说明

1. 第1行“本年可享受研发费用加计扣除项目数量”：填报纳税人本年研发项目中可享受研发费用加计扣除优惠政策的项目数量。

2. 第2行“一、自主研发、合作研发、集中研发”：填报第3＋7＋16＋19＋23＋34行金额。

3. 第3行“(一) 人员人工费用”：填报第4＋5＋6行金额。

直接从事研发活动的人员、外聘研发人员同时从事非研发活动的，填报按实际工时占比等合理方法分配的用于研发活动的相关费用。

4. 第4行“1. 直接从事研发活动人员工资薪金”：填报纳税人直接从事研发活动人员，包括研究人员、技术人员、辅助人员的工资、薪金、奖金、津贴、补贴以及按规定可以在税前扣除的对研发人员股权激励的支出。

5. 第5行“2. 直接从事研发活动人员五险一金”：填报纳税人直接从事研发活动人员，包括研究人员、技术人员、辅助人员的基本养老保险费、基本医疗保险费、失业保险费、工伤保险费、生育保险费和住房公积金。

6. 第6行“3. 外聘研发人员的劳务费用”：填报与纳税人或劳务派遣企业签订劳务用工协议（合同）的外聘研发人员的劳务费用，以及临时聘用的研究人员、技术人员、辅助人员的劳务费用。

7. 第7行“（二）直接投入费用”：填报第8+9+10+11+12+13+14+15行金额。

8. 第8行“1. 研发活动直接消耗材料费用”：填报纳税人研发活动直接消耗的材料费用。

9. 第9行“2. 研发活动直接消耗燃料费用”：填报纳税人研发活动直接消耗的燃料费用。

10. 第10行“3. 研发活动直接消耗动力费用”：填报纳税人研发活动直接消耗的动力费用。

11. 第11行“4. 用于中间试验和产品试制的模具、工艺装备开发及制造费”：填报纳税人研发活动中用于中间试验和产品试制的模具、工艺装备开发及制造的费用。

12. 第12行“5. 用于不构成固定资产的样品、样机及一般测试手段购置费”：填报纳税人研发活动中用于不构成固定资产的样品、样机及一般测试手段购置费用。

13. 第13行“6. 用于试制产品的检验费”：填报纳税人研发活动中用于试制产品的检验费。

14. 第14行“7. 用于研发活动的仪器、设备的运行维护、调整、检验、维修等费用”：填报纳税人用于研发活动的仪器、设备的运行维护、调整、检验、维修等费用。

15. 第15行“8. 通过经营租赁方式租入的用于研发活动的仪器、设备租赁费”：填报纳税人经营租赁方式租入的用于研发活动的仪器、设备租赁费。以经营租赁方式租入的用于研发活动的仪器、设备，同时用于非研发活动的，填报按实际工时占比等合理方法分配的用于研发活动的相关费用。

16. 第16行“（三）折旧费用”：填报第17+18行金额。

用于研发活动的仪器、设备，同时用于非研发活动的，填报按实际工时占比等合理方法分配的用于研发活动的相关费用。纳税人用于研发活动的仪器、设备，符合税收规定且选择加速折旧优惠政策的，在享受研发费用税前加计扣除政策时，按照税前扣除的折旧口径填报。

17. 第17行“1. 用于研发活动的仪器的折旧费”：填报纳税人用于研发活动的仪器的折旧费。

18. 第18行“2. 用于研发活动的设备的折旧费”：填报纳税人用于研发活动的设备的折旧费。

19. 第19行“（四）无形资产摊销”：填报第20+21+22行金额。用于研发活动的无形资产，同时用于非研发活动的，填报按实际工时占比等合理方法在研发费用和生产经营费用间分配的用于研发活动的相关费用。纳税人用于研发活动的无形资产，符合税收规定且选择加速摊销优惠政策的，在享受研发费用税前加计扣除政策时，按照税前扣除的摊销口径填报。

20. 第 20 行"1. 用于研发活动的软件的摊销费用"：填报纳税人用于研发活动的软件的摊销费用。

21. 第 21 行"2. 用于研发活动的专利权的摊销费用"：填报纳税人用于研发活动的专利权的摊销费用。

22. 第 22 行"3. 用于研发活动的非专利技术（包括许可证、专有技术、设计和计算方法等）的摊销费用"：填报纳税人用于研发活动的非专利技术（包括许可证、专有技术、设计和计算方法等）的摊销费用。

23. 第 23 行"（五）新产品设计费等"：填报第 24＋25＋26＋27 行金额。新产品设计费、新工艺规程制定费、新药研制的临床试验费、勘探开发技术的现场试验费等由辅助生产部门提供的，填报按照一定的分配标准分配给研发项目的金额。

24. 第 24 行"1. 新产品设计费"：填报纳税人研发活动中发生的新产品设计费。

25. 第 25 行"2. 新工艺规程制定费"：填报纳税人研发活动中发生的新工艺规程制定费。

26. 第 26 行"3. 新药研制的临床试验费"：填报纳税人研发活动中发生的新药研制的临床试验费。

27. 第 27 行"4. 勘探开发技术的现场试验费"：填报纳税人研发活动中发生的勘探开发技术的现场试验费。

28. 第 28 行"（六）其他相关费用"：填报第 29＋30＋31＋32＋33 行金额。

29. 第 29 行"1. 技术图书资料费、资料翻译费、专家咨询费、高新科技研发保险费"：填报纳税人研发活动中发生的技术图书资料费、资料翻译费、专家咨询费、高新科技研发保险费。

30. 第 30 行"2. 研发成果的检索、分析、评议、论证、鉴定、评审、评估、验收费用"：填报纳税人研发活动中发生的研发成果的检索、分析、评议、论证、鉴定、评审、评估、验收费用。

31. 第 31 行"3. 知识产权的申请费、注册费、代理费"：填报纳税人研发活动中发生的知识产权的申请费、注册费、代理费。

32. 第 32 行"4. 职工福利费、补充养老保险费、补充医疗保险费"：填报纳税人研发活动人员发生的职工福利费、补充养老保险费、补充医疗保险费。

33. 第 33 行"5. 差旅费、会议费"：填报纳税人研发活动发生的差旅费、会议费。

34. 第 34 行"（七）经限额调整后的其他相关费用"：根据研发活动分析汇总填报。

35. 第 35 行"二、委托研发"：填报第 36＋37＋39 行金额。

36. 第 36 行"（一）委托境内机构或个人进行研发活动所发生的费用"：填报纳税人研发项目委托境内机构或个人进行研发活动所发生的费用。

37. 第 37 行“（二）委托境外机构进行研发活动发生的费用”：填报纳税人研发项目委托境外机构进行研发活动所发生的费用。

38. 第 38 行“允许加计扣除的委托境外机构进行研发活动发生的费用”：填报纳税人按照税收规定允许加计扣除的委托境外机构进行研发活动发生的研发费用。

39. 第 39 行“（三）委托境外个人进行研发活动发生的费用”：填报纳税人委托境外个人进行研发活动发生的费用。本行不参与加计扣除优惠金额的计算。

40. 第 40 行“三、年度研发费用小计”：填报第 2 行＋第 36 行×80％＋第 38 行金额。

41. 第 41 行“（一）本年费用化金额”：填报纳税人研发活动本年费用化部分金额。

42. 第 42 行“（二）本年资本化金额”：填报纳税人研发活动本年结转无形资产的金额。

43. 第 43 行“四、本年形成无形资产摊销额”：填报纳税人研发活动本年形成无形资产的摊销额。

44. 第 44 行“五、以前年度形成无形资产本年摊销额”：填报纳税人研发活动以前年度形成无形资产本年摊销额。

45. 第 45 行“六、允许扣除的研发费用合计”：填报第 41＋43＋44 行金额。

46. 第 46 行“特殊收入部分”：填报纳税人已归集计入研发费用，但在当期取得的研发过程中形成的下脚料、残次品、中间试制品等特殊收入。

47. 第 47 行“七、允许扣除的研发费用抵减特殊收入后的金额”：填报第 45－46 行金额。

48. 第 48 行“当年销售研发活动直接形成产品（包括组成部分）对应的材料部分”：填报纳税人当年销售研发活动直接形成产品（包括组成部分）对应的材料部分金额。

49. 第 49 行“以前年度销售研发活动直接形成产品（包括组成部分）对应材料部分结转金额”：填报纳税人以前年度销售研发活动直接形成产品（包括组成部分）对应材料部分结转金额。

50. 第 50 行“八、加计扣除比例”：根据有关政策规定填报。

51. 第 51 行“九、本年研发费用加计扣除总额”：填报第（47－48－49）行×第 50 行的金额，当第 47－48－49 行＜0 时，本行填报 0。

52. 第 52 行“十、销售研发活动直接形成产品（包括组成部分）对应材料部分结转以后年度扣减金额”：当第 47－48－49 行≥0 时，填报 0；当第 47－48－49 行＜0 时，填报第 47－48－49 行金额的绝对值。

二、表内、表间关系

（一）表内关系

1. 第 2 行＝第 3＋7＋16＋19＋23＋34 行。

2. 第3行=第4+5+6行。

3. 第7行=第8+9+10+11+12+13+14+15行。

4. 第16行=第17+18行。

5. 第19行=第20+21+22行。

6. 第23行=第24+25+26+27行。

7. 第28行=第29+30+31+32+33行。

8. 第35行=第36+37+39行。

9. 第40行=第2行+第36行×80%+第38行。

10. 第45行=第41+43+44行。

11. 第47行=第45-46行。

12. 第51行=(第47-48-49行)×第50行，当第47-48-49行<0时，本行=0。

13. 当第47-48-49行≥0时，第52行=0；当第47-48-49行<0时，第52行=第46-47-48行金额的绝对值。

（二）表间关系

1. 当表A000000“210-3”项目未填有入库编号时，第51行=表A107010第26行。

2. 当表A000000“210-3”项目填有入库编号时，第51行=表A107010第27行。

A108000

境外所得税收抵免明细表

行次	国家（地区）	境外税前所得	境外所得纳税调整后所得	弥补境外以前年度亏损	境外应纳税所得额	抵减境内亏损	抵减境内亏损后的境外应纳税所得额	税率	境外所得应纳税额	境外所得可抵免税额	境外所得抵免限额	本年可抵免境外所得税额	未超过境外所得税抵免限额的余额	本年可抵免以前年度未抵免境外所得税额	按简易办法计算：按低于12.5%的实际税率计算的抵免额	按简易办法计算：按12.5%计算的抵免额	按简易办法计算：按25%计算的抵免额	按简易办法计算：小计	境外所得抵免所得税额合计
	1	2	3	4	5（3－4）	6	7（5－6）	8	9（7×8）	10	11	12	13（11－12）	14	15	16	17	18（15＋16＋17）	19（12＋14＋18）
1	甲国	500 000.00	500 000.00	0.00	500 000.00	0.00	500 000.00	25%	125 000.00	200 000.00	125 000.00	125 000.00	0.00	0.00					125 000.00
2																			
3																			
4																			
5																			
6																			
7																			
8																			
9																			
10	合计	500 000.00	500 000.00	0.00	500 000.00	0.00	500 000.00	25%	125 000.00	200 000.00	125 000.00	125 000.00	0.00	0.00					125 000.00

A108000《境外所得税收抵免明细表》填报说明

对B企业直接投资3 000 000元，占被投资企业所有者权益的比例为5%，从B企业分回税后利润300 000元，其所得税税率为40%。

本表适用于取得境外所得的纳税人填报。纳税人应根据税法、《财政部 国家税务总局关于企业境外所得税收抵免有关问题的通知》（财税〔2009〕125号）、《国家税务总局关于发布〈企业境外所得税收抵免操作指南〉的公告》（国家税务总局公告2010年第1号）、《财政部 国家税务总局关于我国石油企业从事油（气）资源开采所得税收抵免有关问题的通知》（财税〔2011〕23号）、《财政部 税务总局关于完善企业境外所得税收抵免政策问题的通知》（财税〔2017〕84号）等规定，填报本年来源于或发生于其他国家、地区的所得按照税收规定计算应缴纳和应抵免的企业所得税。

一、有关项目填报说明

（一）行次填报

纳税人若选择“分国（地区）不分项”的境外所得抵免方式，应根据《境外所得纳税调整后所得明细表》（A108010）、《境外分支机构弥补亏损明细表》（A108020）、《跨年度结转抵免境外所得税明细表》（A108030）分国（地区）别逐行填报本表；纳税人若选择“不分国（地区）不分项”的境外所得抵免方式，应按照税收规定计算可抵免境外所得税税额和抵免限额，并根据表A108010、表A108020、表A108030的合计金额填报本表第1行。

（二）列次填报

1. 第1列“国家（地区）”：纳税人若选择“分国（地区）不分项”的境外所得抵免方式，填报纳税人境外所得来源的国家（地区）名称，来源于同一国家（地区）的境外所得合并到一行填报；纳税人若选择“不分国（地区）不分项”的境外所得抵免方式，无须填报。

2. 第2列“境外税前所得”：填报表A108010第14列的金额。

3. 第3列“境外所得纳税调整后所得”：填报表A108010第18列的金额。

4. 第4列“弥补境外以前年度亏损”：填报表A108020第4+8列的合计金额。

5. 第5列“境外应纳税所得额”：填报第3－4列的余额。当第3－4列<0时，本列填报0。

6. 第 6 列“抵减境内亏损”：当纳税人选择用境外所得抵减弥补境内亏损时，填报纳税人境外所得按照税收规定抵减境内的亏损额（包括抵减的当年度境内亏损额和弥补的以前年度境内亏损额）；当纳税人选择不用境外所得抵减弥补境内亏损时，填报 0。

7. 第 7 列“抵减境内亏损后的境外应纳税所得额”：填报第 5－6 列金额。

8. 第 8 列“税率”：填报法定税率 25％。符合《财政部 国家税务总局关于高新技术企业境外所得适用税率及税收抵免问题的通知》（财税〔2011〕47 号）第一条规定的高新技术企业填报 15％。

9. 第 9 列“境外所得应纳税额”：填报第 7×8 列金额。

10. 第 10 列“境外所得可抵免税额”：填报表 A108010 第 13 列金额。

11. 第 11 列“境外所得抵免限额”：境外所得抵免限额按以下公式计算：

抵免限额＝中国境内、境外所得依照企业所得税法和条例的规定计算的应纳税总额×来源于某国（地区）的应纳税所得额÷中国境内、境外应纳税所得总额。

12. 第 12 列“本年可抵免境外所得税额”：填报纳税人本年来源于境外的所得已缴纳所得税在本年度允许抵免的金额。按第 10 列、第 11 列孰小值填报。

13. 第 13 列“未超过境外所得税抵免限额的余额”：填报纳税人本年在抵免限额内抵免完境外所得税后有余额的，可用于抵免以前年度结转的待抵免的所得税额。按第 11－12 列金额填报。

14. 第 14 列“本年可抵免以前年度未抵免境外所得税额”：填报纳税人本年可抵免以前年度未抵免、结转到本年度抵免的境外所得税额，按表 A108030 第 13 列金额填报。

15. 第 15 列至第 18 列由选择简易办法计算抵免额的纳税人填报。

（1）第 15 列“按低于 12.5％的实际税率计算的抵免额”：纳税人从境外取得营业利润所得以及符合境外税额间接抵免条件的股息所得，所得来源国（地区）的实际有效税率低于 12.5％的，填报按照实际有效税率计算的抵免额。

（2）第 16 列“按 12.5％计算的抵免额”：纳税人从境外取得营业利润所得以及符合境外税额间接抵免条件的股息所得，除第 15 列情形外，填报按照 12.5％计算的抵免额。

（3）第 17 列“按 25％计算的抵免额”：纳税人从境外取得营业利润所得以及符合境外税额间接抵免条件的股息所得，所得来源国（地区）的实际有效税率高于 25％的，填报按照 25％计算的抵免额。

16. 第 19 列“境外所得抵免所得税额合计”：填报第 12＋14＋18 列金额。

二、表内、表间关系

（一）表内关系

1. 第 5 列＝第 3－4 列，当第 3－4 列＜0 时，本列＝0。

2. 第 6 列≤第 5 列。

3. 第 7 列=第 5−6 列。

4. 第 9 列=第 7×8 列。

5. 第 12 列=第 10 列、第 11 列孰小值。

6. 第 13 列=第 11−12 列。

7. 第 14 列≤第 13 列。

8. 第 18 列=第 15+16+17 列。

9. 第 19 列=第 12+14+18 列。

（二）表间关系

1. 若选择“分国（地区）不分项”的境外所得抵免方式，第 2 列各行=表 A108010 第 14 列相应行次；若选择“不分国（地区）不分项”的境外所得抵免方式，第 1 行第 2 列=表 A108010 第 14 列合计。

2. 若选择“分国（地区）不分项”的境外所得抵免方式，第 3 列各行=表 A108010 第 18 列相应行次；若选择“不分国（地区）不分项”的境外所得抵免方式，第 1 行第 3 列=表 A108010 第 18 列合计。

3. 若选择“分国（地区）不分项”的境外所得抵免方式，第 4 列各行=表 A108020 第 4 列相应行次+第 8 列相应行次；若选择“不分国（地区）不分项”的境外所得抵免方式，第 1 行第 4 列=表 A108020 第 4 列合计+第 8 列合计。

4. 若选择“分国（地区）不分项”的境外所得抵免方式，第 6 列合计≤第 5 列合计、表 A106000 第 8 列第 1 行至第 10 行合计+表 A100000 第 18 行的孰小值；若选择“不分国（地区）不分项”的境外所得抵免方式，第 1 行第 6 列≤第 1 行第 5 列、表 A106000 第 8 列第 1 行至第 10 行合计+表 A100000 第 18 行的孰小值。

5. 第 9 列合计=表 A100000 第 29 行。

6. 若选择“分国（地区）不分项”的境外所得抵免方式，第 10 列各行=表 A108010 第 13 列相应行次；若选择“不分国（地区）不分项”的境外所得抵免方式，第 1 行第 10 列=表 A108010 第 13 列合计。

7. 若选择“分国（地区）不分项”的境外所得抵免方式，第 14 列各行=表 A108030 第 13 列相应行次；若选择“不分国（地区）不分项”的境外所得抵免方式，第 1 行第 14 列=表 A108030 第 13 列合计。

8. 第 19 列合计=表 A100000 第 30 行。

A108010

境外所得纳税调整后所得明细表

行次	国家（地区）	境外税后所得								境外所得可抵免的所得税额				境外税前所得	境外分支机构收入与支出纳税调整额	境外分支机构调整分摊扣除的有关成本费用	境外所得对应调整的相关成本费用支出	境外所得纳税调整后所得
		分支机构营业利润所得	股息、红利等权益性投资所得	利息所得	租金所得	特许权使用费所得	财产转让所得	其他所得	小计	直接缴纳的所得税额	间接负担的所得税额	享受税收饶让抵免税额	小计					
	1	2	3	4	5	6	7	8	9（2+…+8）	10	11	12	13（10+11+12）	14（9+10+11）	15	16	17	18(14+15－16－17)
1	甲国		300 000.00						300 000.00	200 000.00			200 000.00	500 000.00	0.00	0.00	0.00	500 000.00
2																		
3																		
4																		
5																		
6																		
7																		
8																		
9																		
10	合计		300 000.00						300 000.00	200 000.00			200 000.00	500 000.00	0.00	0.00	0.00	500 000.00

A108010《境外所得纳税调整后所得明细表》填报说明

本表适用于取得境外所得的纳税人填报。纳税人应根据税法、《财政部 国家税务总局关于企业境外所得税收抵免有关问题的通知》（财税〔2009〕125 号）和《国家税务总局关于发布〈企业境外所得税收抵免操作指南〉的公告》（国家税务总局公告 2010 年第 1 号）、《财政部 国家税务总局关于我国石油企业从事油（气）资源开采所得税收抵免有关问题的通知》（财税〔2011〕23 号）、《财政部 税务总局关于完善企业境外所得税收抵免政策问题的通知》（财税〔2017〕84 号）规定，填报本年来源于或发生于不同国家、地区的所得按照税收规定计算的境外所得纳税调整后所得。对于境外所得税收抵免方式选择“不分国（地区）不分项”的纳税人，也应按照规定计算可抵免境外所得税税额，并按国（地区）别逐行填报。

一、有关项目填报说明

1. 第 1 列“国家（地区）”：填报纳税人境外所得来源的国家（地区）名称，来源于同一个国家（地区）的境外所得可合并到一行填报。

2. 第 2 列至第 9 列“境外税后所得”：填报纳税人取得的来源于境外的税后所得，其中：第 3 列股息、红利等权益性投资所得包含通过《受控外国企业信息报告表》（国家税务总局公告 2014 年第 38 号附件 2）计算的视同分配给企业的股息。

3. 第 10 列“直接缴纳的所得税额”：填报纳税人来源于境外的营业利润所得在境外所缴纳的企业所得税，以及就来源于或发生于境外的股息、红利等权益性投资所得、利息、租金、特许权使用费、财产转让等所得在境外被源泉扣缴的预提所得税。

4. 第 11 列“间接负担的所得税额”：填报纳税人从其直接或者间接控制的外国企业分得的来源于中国境外的股息、红利等权益性投资收益，外国企业在境外实际缴纳的所得税额中属于该项所得负担的部分。

5. 第 12 列“享受税收饶让抵免税额”：填报纳税人从与我国政府订立税收协定（或安排）的国家（地区）取得的所得，按照该国（地区）税收法律享受了免税或减税待遇，且该免税或减税的数额按照税收协定应视同已缴税额的金额。

6. 第 15 列“境外分支机构收入与支出纳税调整额”：填报纳税人境外分支机构收入、支出按照税收规定计算的纳税调整额。

7. 第 16 列“境外分支机构调整分摊扣除的有关成本费用”：填报纳税人境外分支机构

应合理分摊的总部管理费等有关成本费用，同时在《纳税调整项目明细表》（A105000）中进行纳税调增。

8. 第 17 列“境外所得对应调整的相关成本费用支出”：填报纳税人实际发生与取得境外所得有关但未直接计入境外所得应纳税所得的成本费用支出，同时在《纳税调整项目明细表》（A105000）中进行纳税调增。

9. 第 18 列“境外所得纳税调整后所得”：填报第 14＋15－16－17 列的金额。

二、表内、表间关系

（一）表内关系

1. 第 9 列＝第 2＋3＋…＋8 列。
2. 第 13 列＝第 10＋11＋12 列。
3. 第 14 列＝第 9＋10＋11 列。
4. 第 18 列＝第 14＋15－16－17 列。

（二）表间关系

1. 若选择“分国（地区）不分项”的境外所得抵免方式，第 13 列各行＝表 A108000 第 10 列相应行次；若选择“不分国（地区）不分项”的境外所得抵免方式，第 13 列合计＝表 A108000 第 1 行第 10 列。

2. 若选择“分国（地区）不分项”的境外所得抵免方式，第 14 列各行＝表 A108000 第 2 列相应行次；若选择“不分国（地区）不分项”的境外所得抵免方式，第 14 列合计＝表 A108000 第 1 行第 2 列。

3. 第 14 列合计－第 11 列合计＝表 A100000 第 14 行。

4. 第 16 列合计＋第 17 列合计＝表 A105000 第 28 行第 3 列。

5. 若选择“分国（地区）不分项”的境外所得抵免方式，第 18 列相应行次＝表 A108000 第 3 列相应行次；若选择“不分国（地区）不分项”的境外所得抵免方式，第 18 列合计＝表 A108000 第 1 行第 3 列。

A108030

跨年度结转抵免境外所得税明细表

行次	国家（地区）	前五年境外所得已缴所得税未抵免余额						本年实际抵免以前年度未抵免的境外已缴所得税额						结转以后年度抵免的境外所得已缴所得税额					
		前五年	前四年	前三年	前二年	前一年	小计	前五年	前四年	前三年	前二年	前一年	小计	前四年	前三年	前二年	前一年	本年	小计
	1	2	3	4	5	6	7（2+…+6）	8	9	10	11	12	13（8+…+12）	14（3−9）	15（4−10）	16（5−11）	17（6−12）	18	19（14+…+18）
1	甲国																	75 000.00	75 000.00
2																			
3																			
4																			
5																			
6																			
7																			
8																			
9																			
10	合计																	75 000.00	75 000.00

A108030《跨年度结转抵免境外所得税明细表》填报说明

本表适用于取得境外所得的纳税人填报。纳税人应根据税法、《财政部 国家税务总局关于企业境外所得税收抵免有关问题的通知》（财税〔2009〕125号）、《国家税务总局关于发布〈企业境外所得税收抵免操作指南〉的公告》（国家税务总局公告2010年第1号）、《财政部 国家税务总局关于我国石油企业从事油（气）资源开采所得税收抵免有关问题的通知》（财税〔2011〕23号）、《财政部 税务总局关于完善企业境外所得税收抵免政策问题的通知》（财税〔2017〕84号）规定，填报本年发生的来源于不同国家或地区的境外所得按照我国税收法律、法规的规定可以抵免的所得税额，并按国（地区）别逐行填报。

一、有关项目填报说明

1. 第2列至第7列“前五年境外所得已缴所得税未抵免余额”：填报纳税人前五年境外所得已缴纳的企业所得税尚未抵免的余额。

2. 第8列至第13列“本年实际抵免以前年度未抵免的境外已缴所得税额”：填报纳税人用本年未超过境外所得税款抵免限额的余额抵免以前年度未抵免的境外已缴所得税额。

3. 第14列至第19列“结转以后年度抵免的境外所得已缴所得税额”：填报纳税人以前年度和本年未能抵免并结转以后年度抵免的境外所得已缴所得税额。

二、表内、表间关系

（一）表内关系

1. 第7列＝第2＋3＋…＋6列。

2. 第13列＝第8＋9＋…＋12列。

3. 第19列＝第14＋15＋…＋18列。

（二）表间关系

1. 若选择“分国（地区）不分项”的境外所得抵免方式，第13列各行＝表A108000第14列相应行次；若选择“不分国（地区）不分项”的境外所得抵免方式，第13列合计＝表A108000第1行第14列。

2. 若选择“分国（地区）不分项”的境外所得抵免方式，第 18 列各行＝表 A108000 第 10 列相应行次－第 12 列相应行次（当表 A108000 第 10 列相应行次大于第 12 列相应行次时填报）；若选择“不分国（地区）不分项”的境外所得抵免方式，第 18 列合计＝表 A108000 第 1 行第 10 列－第 1 行第 12 列（当表 A108000 第 1 行第 10 列次大于第 1 行第 12 列时填报）。

Comprehensive Training of Corporate Income Tax Annual Tax Return

第二单元 企业所得税年度纳税申报综合实训

北京晓晓有限公司 2018 年度企业所得税纳税申报实训操作分为 3 个模块：

模块 1，《企业所得税年度纳税申报综合实训》实训指导；

模块 2，《企业所得税年度纳税申报综合实训》实训资料；

模块 3，《企业所得税年度纳税申报综合实训》实训操作。

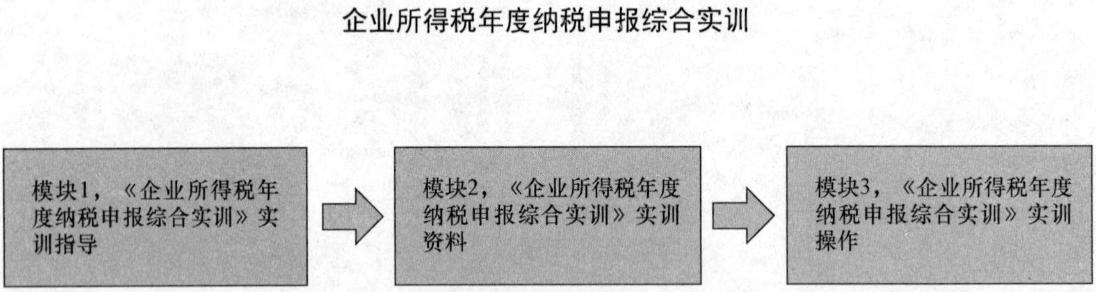

图 2　企业所得税年度纳税申报综合实训模块图

模块 1

《企业所得税年度纳税申报综合实训》实训指导

一、实训目的

《企业所得税年度纳税申报综合实训》，是在学完《税法》理论课程的基础上，通过企业所得税年度纳税申报的综合实训，使学生全面系统地理解和掌握企业所得税年度纳税申报的基本方法和基本技能。目的是培养学生理论联系实际、解决实际问题的能力，使学生全面系统地掌握企业所得税应纳税额的计算及纳税申报的整套业务流程与方法，从而达到税法理论教学与纳税实务的统一，提高学生独立承担纳税申报工作的实际操作能力，为其毕业后从事会计及税务工作奠定坚实基础，以增强会计学专业学生的就业优势。

二、实训要求

（1）了解企业所得税的基本理论知识，熟悉居民纳税人企业所得税应纳税额的计算。
（2）掌握居民纳税人企业所得税年度纳税申报的流程及申报表格的填写。
（3）计算结果正确，填写规范。

三、实训原理或理论基础

企业所得税及纳税申报的基本理论。

四、实训仪器、设备及材料

《税法》教材、《企业所得税年度纳税申报综合实训》教材（包括实训练习册）、计算器。

五、实训内容

（1）企业所得税年度纳税申报综合实训。
（2）计算应纳税额，按顺序填写企业所得税年度纳税申报表（A类）及其明细表。

六、实训注意事项

（1）应纳税额的计算步骤要完整、计算结果要正确。
（2）表格的填写要准确、规范。
（3）书写规范、整洁。

七、思考题

如何联系实际，解决实务中企业所得税的年度纳税申报问题。

八、实训考核要求

（1）学生能独立完成企业所得税应纳税额的计算。
（2）能按要求完成《企业所得税年度纳税申报综合实训》练习册。
（3）计算准确，书写整洁、规范。

模块 2

《企业所得税年度纳税申报综合实训》实训资料

一、公司基本信息

北京晓晓有限公司系中资企业，所在地中国北京，注册资本 2 000 万元，法定代表人冯树玲，企业类型为有限责任公司（非上市、自然人投资或控股），统一社会信用代码为 91110101235615459F，主营服装生产专用设备制造，所属国民经济行业代码为 C3522。

公司资产总额（全年季度平均值）9 302.56 万元，拥有企业从业人数（全年季度平均人数）301 人。

公司有 5 位股东，具体如下：（1）冯树玲，身份证号：110102196809175462，持股比例：33%；（2）裴莹莹，身份证号：110108197803186461，持股比例：25%；（3）张晓晓，身份证号：132901197010053626，持股比例：20%；（4）何春晓，身份证号：110103196508316222，持股比例：12%；（5）许晓萌，身份证号：110105196310055826，持股比例：10%。

公司设有财务处，财务负责人为张晓晓，税务会计裴莹莹负责报税。

二、公司适用的法律法规

公司会计核算采用企业会计准则，采用一般企业财务报表格式（2018 年版）。公司记账本位币为人民币元（列至角分）。

公司根据《中华人民共和国企业所得税法》及相关法律法规的有关规定申报缴纳企业所得税，企业所得税税率 25%，公司企业所得税按年计算，分季预缴，纳税年度终了之日起 5 个月内汇算清缴，2018 年企业所得税在 2019 年 5 月 16 日汇算清缴完成。

三、相关会计信息资料

经过分析研究公司会计资料，获知公司 2018 年 1 月 1 日至 2018 年 12 月 31 日的相关会计信息如下。

（一）营业收入项目

（1）主营业务收入，即销售商品收入 78 612 415 元。

（2）其他业务收入，包括：销售材料收入 818 266 元；出租固定资产收入 100 000 元（2018 年初与 D 公司签订了一份固定资产租赁合同，出租部分生产用机器设备，租期 3 年，每年租金收入 100 000 元，D 公司 2018 年一次性支付租金 300 000 元，对跨期收取的固定资产租金按权责发生制每年确认收入 100 000 元）；出租包装物收入 62 572 元；提供运输劳务收入 213 233 元。

（二）营业成本项目

（1）主营业务成本，即销售商品成本 47 647 763 元。

（2）其他业务成本，包括：销售材料成本 636 860 元；出租固定资产折旧等成本 66 600 元；包装物出租成本 50 373 元；提供运输劳务成本 148 952 元。

（三）税金及附加项目

税金及附加 1 202 030 元。

（四）销售费用项目

销售费用，包括：

（1）销售人员职工薪酬，包括：工资 1 800 500 元，按销售人员工资和规定的比例计提的职工福利费 36 010 元、职工教育经费 180 050 元、工会经费 36 010 元、社会保险费 594 165 元和住房公积金 216 060 元。

（2）产品广告费 9 817 536 元，广告费和业务宣传费支出以前年度累计结转扣除额 92 620 元。

（3）销售用固定资产折旧费 147 000 元。

（4）展览费 61 452 元。

（五）管理费用项目

管理费用，包括：

（1）行政管理人员职工薪酬，包括：工资 3 665 000 元，按行政管理人员工资和规定的比例计提的职工福利费 73 300 元、职工教育经费 366 500 元、工会经费 73 300 元、社会保险费 1 209 450 元和住房公积金 439 800 元。

（2）咨询顾问费 255 000 元。

（3）业务招待费 1 002 520 元。

（4）管理用固定资产折旧费 713 000 元。

（5）办公费 105 060 元。

（6）董事会费 300 800 元。

（7）诉讼费 323 000 元。

（8）差旅费 304 030 元。

（9）保险费 105 000 元。

（10）党组织工作经费 135 000 元。

（11）交通费 102 306 元。

（12）商标权摊销额 50 000 元。

（13）奖励职工自产产品 60 000 元（该产品成本 60 000 元，市场价格 100 000 元，已按增值税法视同销售的有关规定核算并缴纳了增值税等流转税税款）。

（六）财务费用项目

财务费用，包括：

（1）年初向工商银行借款 10 000 000 元，用于生产经营，年利率为 6%，支付利息 600 000 元。

（2）年初向恒通贸易公司借款 3 000 000 元，用于生产经营，年利率为 8%，支付利息 240 000 元。

（七）资产减值损失项目

资产减值损失，包括：

（1）坏账损失 19 608.75 元。

（2）无形资产减值损失 30 000 元。

（八）公允价值变动收益项目

公允价值变动收益即交易性金融资产公允价值变动收益 20 000 元。

（九）投资收益项目

投资收益，包括：

（1）交易性金融资产投资成本 50 000 元，处置收入 63 000 元，处置股票投资收益 13 000 元。

（2）国债利息收入 8 000 元，金融债券利息收入 3 000 元。

（3）长期股权投资境内投资收益 540 000 元，境外投资收益 280 000 元。

（十）营业外收入项目

营业外收入即确实无法偿付的应付款项 100 300 元。

（十一）营业外支出项目

营业外支出，包括：

（1）通过中国红十字协会向贫困山区捐款 100 000 元，通过希望工程基金会向云南某农村希望小学捐款 250 000 元。

（2）赞助费 50 000 元。

（3）缴纳税收罚款 65 600 元。

（十二）交易性金融资产项目

交易性金融资产，期末投资成本 300 000 元，公允价值变动 20 000 元。

（十三）应收票据及应收账款项目

应收票据及应收账款，年初余额 12 005 300 元，年末余额 12 658 925 元。

本纳税人采用备抵法按应收票据及应收账款借方余额百分比计提坏账准备，企业估计坏账的计提比例为 3%。年初坏账准备账户余额 360 159 元，年末坏账准备账户余额 379 767.75 元，本年增提坏账准备 19 608.75 元。

（十四）存货项目

存货项目中的库存商品，有一批自产产品用于市场推广，会计上既未确认收入，也未转结成本，该批产品成本 90 000 元，市场价格 150 000 元，已按增值税法视同销售的有关规定核算并缴纳了增值税等流转税税款。

（十五）长期股权投资项目

长期股权投资包括：

（1）2016 年 1 月 10 日对北京 E 居民企业（统一社会信用代码为 91110102158615361L）直接投资 3 000 000 元，占被投资企业所有者权益的比例为 54%；从 E 企业分回税后利润 540 000 元（E 企业所得税税率为 25%，2018 年 5 月 12 日 E 企业做出 1 000 000 元的税后利润分配方案）。

（2）对乙国 F 企业直接投资 4 000 000 元，占被投资企业所有者权益的比例为 60%，从 F 企业分回税后利润 280 000 元，其所得税税率为 20%。

（十六）固定资产项目

固定资产包括：

（1）厂房原值 22 000 000 元，房屋建筑物采用直线法计提折旧，折旧年限 20 年，厂房当年折旧额 1 100 000 元，累计折旧额 4 400 000 元。

（2）办公楼原值 14 800 000 元，其中：销售部门用房原值 2 500 000 元，行政管理部门用房原值 12 300 000 元；房屋建筑物采用直线法计提折旧，折旧年限 20 年；办公楼当年折旧额 740 000 元，其中：销售部门用办公楼当年折旧额 125 000 元，行政管理部门用办公楼当年折旧额 615 000 元；办公楼累计折旧额 2 960 000 元，其中：销售部门用办公楼累计折旧额 500 000 元，行政管理部门用办公楼累计折旧额 2 460 000 元。

(3) 生产用机器设备原值 6 600 000 元，机器设备采用直线法计提折旧，折旧年限 10 年，当年折旧额 660 000 元，累计折旧额 2 640 000 元。

(4) 汽车运输工具原值 800 000 元，其中：生产部门用汽车原值 200 000 元，销售部门用汽车原值 100 000 元，行政管理部门用汽车原值 500 000 元；运输工具采用直线法计提折旧，折旧年限 10 年；当年折旧额 80 000 元，其中：生产部门用汽车当年折旧额 20 000 元，销售部门用汽车当年折旧额 10 000 元，行政管理部门用汽车当年折旧额 50 000 元；累计折旧额 320 000 元，其中：生产部门用汽车累计折旧额 80 000 元，销售部门用汽车累计折旧额 40 000 元，行政管理部门用汽车累计折旧额 200 000 元。

(5) 电子设备 600 000 元，其中：生产部门用电子设备原值 300 000 元，销售部门用电子设备原值 60 000 元，行政管理部门用电子设备原值 240 000 元；电子设备采用直线法计提折旧，折旧年限 5 年；电子设备当年折旧额 120 000 元，其中：生产部门用电子设备当年折旧额 60 000 元，销售部门用电子设备当年折旧额 12 000 元，行政管理部门用电子设备当年折旧额 48 000 元；电子设备累计折旧额 480 000 元，其中：生产部门用电子设备累计折旧额 240 000 元，销售部门用电子设备累计折旧额 48 000 元，行政管理部门用电子设备累计折旧额 192 000 元。

(6) 税法规定上述固定资产均采用直线法计提折旧，会计上固定资产折旧年限符合税法规定。

（十七）无形资产项目

无形资产包括：

(1) 生产用专利权原值 2 200 000 元，采用直线法进行摊销，摊销年限 10 年，专利权当年摊销额 220 000 元，累计摊销额 880 000 元；专利权当年计提无形资产减值准备 30 000 元。

(2) 商标权原值 500 000 元，采用直线法进行摊销，摊销年限 10 年，商标权当年摊销额 50 000 元，累计摊销额 200 000 元。

(3) 非专利技术为研究开发活动形成的生产用无形资产，其原值 2 000 000 元，非专利技术采用直线法进行摊销，摊销年限 10 年，非专利技术当年摊销额 200 000 元，累计摊销额 600 000 元。

(4) 税法规定上述无形资产均采用直线法进行摊销，会计上无形资产摊销年限符合税法规定，研究开发形成的非专利技术按 175%进行摊销。

（十八）职工薪酬项目

计入成本费用的职工薪酬，包括：

(1) 工资薪金总额 18 006 500 元全部为合理的工资薪金，且已全额发放。

(2) 按工资薪金总额的 2%计提的职工福利费为 360 130 元，实际发生职工福利费

356 000 元。

（3）按工资薪金总额的 10%计提的职工教育经费为 1 800 650 元，实际发生职工教育经费 1 756 300 元。

（4）按工资薪金总额的 2%计提的工会经费为 360 130 元，实际发生工会经费 370 220 元。

（5）按工资薪金总额的 33%计提的各类基本社会保障性缴款为 5 942 145 元，已全额缴纳。

（6）按工资薪金总额的 12%计提的住房公积金为 2 160 780 元，已全额缴纳。

（十九）弥补亏损情况

弥补亏损情况如下：

（1）2015 年发生亏损 708 860.10 元。

（2）在 2016 年已弥补亏损 233 903.10 元。

（3）在 2017 年已弥补亏损 323 950.50 元。

（4）截至 2018 年尚未弥补的以前年度亏损为 151 006.50 元。

（二十）预缴税款情况

本年度累计已预缴企业所得税 986 620 元。

（二十一）利润分配情况

公司按 2018 年度净利润的 10%提取法定盈余公积，按 2018 年度净利润的 20%分配红利。

模块 3

《企业所得税年度纳税申报综合实训》实训操作

企业所得税年度纳税申报综合实训

学　　校：____________________

学部/院系：____________________

专　　业：____________________

班　　级：____________________

学生姓名：____________________

学　　号：____________________

指导教师：____________________

成　　绩：____________________

中华人民共和国企业所得税
年度纳税申报表（A类，2017年版）

（2018年修订）

国家税务总局

2018年12月

目　录

中华人民共和国企业所得税年度纳税申报表封面

（A类，2018年版）

税款所属期间：　　年　月　日至　　年　月　日

纳税人识别号
（统一社会信用代码）：□□□□□□□□□□□□□□□□□□

纳税人名称：

金额单位：人民币元（列至角分）

谨声明：本纳税申报表是根据国家税收法律法规及相关规定填报的，是真实的、可靠的、完整的。

纳税人（签章）：

年　月　日

经办人：	受理人：
经办人身份证号：	受理税务机关（章）：
代理机构签章：	受理日期：　　年　月　日

国家税务总局监制

企业所得税年度纳税申报表填报表单

表单编号	表单名称	是否填报
A000000	企业所得税年度纳税申报基础信息表	√
A100000	中华人民共和国企业所得税年度纳税申报表（A类）	√
A101010	一般企业收入明细表	□
A101020	金融企业收入明细表	□
A102010	一般企业成本支出明细表	□
A102020	金融企业支出明细表	□
A103000	事业单位、民间非营利组织收入、支出明细表	□
A104000	期间费用明细表	□
A105000	纳税调整项目明细表	□
A105010	视同销售和房地产开发企业特定业务纳税调整明细表	□
A105020	未按权责发生制确认收入纳税调整明细表	□
A105030	投资收益纳税调整明细表	□
A105040	专项用途财政性资金纳税调整明细表	□
A105050	职工薪酬支出及纳税调整明细表	□
A105060	广告费和业务宣传费跨年度纳税调整明细表	□
A105070	捐赠支出及纳税调整明细表	□
A105080	资产折旧、摊销及纳税调整明细表	□
A105090	资产损失税前扣除及纳税调整明细表	□
A105100	企业重组及递延纳税事项纳税调整明细表	□
A105110	政策性搬迁纳税调整明细表	□
A105120	特殊行业准备金及纳税调整明细表	□
A106000	企业所得税弥补亏损明细表	□
A107010	免税、减计收入及加计扣除优惠明细表	□
A107011	符合条件的居民企业之间的股息、红利等权益性投资收益优惠明细表	□
A107012	研发费用加计扣除优惠明细表	□
A107020	所得减免优惠明细表	□
A107030	抵扣应纳税所得额明细表	□
A107040	减免所得税优惠明细表	□
A107041	高新技术企业优惠情况及明细表	□
A107042	软件、集成电路企业优惠情况及明细表	□
A107050	税额抵免优惠明细表	□
A108000	境外所得税收抵免明细表	□
A108010	境外所得纳税调整后所得明细表	□
A108020	境外分支机构弥补亏损明细表	□
A108030	跨年度结转抵免境外所得税明细表	□
A109000	跨地区经营汇总纳税企业年度分摊企业所得税明细表	□
A109010	企业所得税汇总纳税分支机构所得税分配表	□
说明：企业应当根据实际情况选择需要填报的表单。		

A000000　企业所得税年度纳税申报基础信息表

基本经营情况（必填项目）			
101 纳税申报企业类型（填写代码）		102 分支机构就地纳税比例（%）	
103 资产总额（填写平均值，单位：万元）		104 从业人数（填写平均值，单位：人）	
105 所属国民经济行业（填写代码）		106 从事国家限制或禁止行业	□是 □否
107 适用会计准则或会计制度（填写代码）		108 采用一般企业财务报表格式（2018 年版）	□是 □否
109 小型微利企业	□是 □否	110 上市公司	是（□境内 □境外）□否
有关涉税事项情况（存在或者发生下列事项时必填）			
201 从事股权投资业务	□是	202 存在境外关联交易	□是
203 选择采用的境外所得抵免方式	□分国（地区）不分项 □不分国（地区）不分项		
204 有限合伙制创业投资企业的法人合伙人	□是	205 创业投资企业	□是
206 技术先进型服务企业类型（填写代码）		207 非营利组织	□是
208 软件、集成电路企业类型（填写代码）		209 集成电路生产项目类型	□130 纳米 □65 纳米
210 科技型中小企业 210-1 ____年（申报所属期年度）入库编号 1		210-2 入库时间 1	
210-3 ____年（所属期下一年度）入库编号 2		210-4 入库时间 2	
211 高新技术企业申报所属期年度有效的高新技术企业证书 211-1 证书编号 1		211-2 发证时间 1	
211-3 证书编号 2		211-4 发证时间 2	
212 重组事项税务处理方式	□一般性 □特殊性	213 重组交易类型（填写代码）	
214 重组当事方类型（填写代码）		215 政策性搬迁开始时间	___年___月
216 发生政策性搬迁且停止生产经营无所得年度	□是	217 政策性搬迁损失分期扣除年度	□是
218 发生非货币性资产对外投资递延纳税事项	□是	219 非货币性资产对外投资转让所得递延纳税年度	□是
220 发生技术成果投资入股递延纳税事项	□是	221 技术成果投资入股递延纳税年度	□是
222 发生资产（股权）划转特殊性税务处理事项	□是	223 债务重组所得递延纳税年度	□是

主要股东及分红情况（必填项目）					
股东名称	证件种类	证件号码	投资比例（%）	当年（决议日）分配的股息、红利等权益性投资收益金额	国籍（注册地址）
其余股东合计	—	—			—

A100000 中华人民共和国企业所得税年度纳税申报表（A类）

行次	类别	项目	金额
1	利润总额计算	一、营业收入（填写 A101010＼101020＼103000）	
2		减：营业成本（填写 A102010＼102020＼103000）	
3		减：税金及附加	
4		减：销售费用（填写 A104000）	
5		减：管理费用（填写 A104000）	
6		减：财务费用（填写 A104000）	
7		减：资产减值损失	
8		加：公允价值变动收益	
9		加：投资收益	
10		二、营业利润（1－2－3－4－5－6－7＋8＋9）	
11		加：营业外收入（填写 A101010＼101020＼103000）	
12		减：营业外支出（填写 A102010＼102020＼103000）	
13		三、利润总额（10＋11－12）	
14	应纳税所得额计算	减：境外所得（填写 A108010）	
15		加：纳税调整增加额（填写 A105000）	
16		减：纳税调整减少额（填写 A105000）	
17		减：免税、减计收入及加计扣除（填写 A107010）	
18		加：境外应税所得抵减境内亏损（填写 A108000）	
19		四、纳税调整后所得（13－14＋15－16－17＋18）	
20		减：所得减免（填写 A107020）	
21		减：弥补以前年度亏损（填写 A106000）	
22		减：抵扣应纳税所得额（填写 A107030）	
23		五、应纳税所得额（19－20－21－22）	
24	应纳税额计算	税率（25%）	
25		六、应纳所得税额（23×24）	
26		减：减免所得税额（填写 A107040）	
27		减：抵免所得税额（填写 A107050）	
28		七、应纳税额（25－26－27）	
29		加：境外所得应纳所得税额（填写 A108000）	
30		减：境外所得抵免所得税额（填写 A108000）	
31		八、实际应纳所得税额（28＋29－30）	
32		减：本年累计实际已缴纳的所得税额	
33		九、本年应补（退）所得税额（31－32）	
34		其中：总机构分摊本年应补（退）所得税额（填写 A109000）	
35		财政集中分配本年应补（退）所得税额（填写 A109000）	
36		总机构主体生产经营部门分摊本年应补（退）所得税额（填写 A109000）	

A101010　　一般企业收入明细表

行次	项目	金额
1	一、营业收入（2+9）	
2	（一）主营业务收入（3+5+6+7+8）	
3	1. 销售商品收入	
4	其中：非货币性资产交换收入	
5	2. 提供劳务收入	
6	3. 建造合同收入	
7	4. 让渡资产使用权收入	
8	5. 其他	
9	（二）其他业务收入（10+12+13+14+15）	
10	1. 销售材料收入	
11	其中：非货币性资产交换收入	
12	2. 出租固定资产收入	
13	3. 出租无形资产收入	
14	4. 出租包装物和商品收入	
15	5. 其他	
16	二、营业外收入（17+18+19+20+21+22+23+24+25+26）	
17	（一）非流动资产处置利得	
18	（二）非货币性资产交换利得	
19	（三）债务重组利得	
20	（四）政府补助利得	
21	（五）盘盈利得	
22	（六）捐赠利得	
23	（七）罚没利得	
24	（八）确实无法偿付的应付款项	
25	（九）汇兑收益	
26	（十）其他	

A102010 一般企业成本支出明细表

行次	项目	金额
1	一、营业成本（2+9）	
2	（一）主营业务成本（3+5+6+7+8）	
3	1. 销售商品成本	
4	其中：非货币性资产交换成本	
5	2. 提供劳务成本	
6	3. 建造合同成本	
7	4. 让渡资产使用权成本	
8	5. 其他	
9	（二）其他业务成本（10+12+13+14+15）	
10	1. 销售材料成本	
11	其中：非货币性资产交换成本	
12	2. 出租固定资产成本	
13	3. 出租无形资产成本	
14	4. 包装物出租成本	
15	5. 其他	
16	二、营业外支出（17+18+19+20+21+22+23+24+25+26）	
17	（一）非流动资产处置损失	
18	（二）非货币性资产交换损失	
19	（三）债务重组损失	
20	（四）非常损失	
21	（五）捐赠支出	
22	（六）赞助支出	
23	（七）罚没支出	
24	（八）坏账损失	
25	（九）无法收回的债券股权投资损失	
26	（十）其他	

A104000 期间费用明细表

行次	项目	销售费用	其中：境外支付	管理费用	其中：境外支付	财务费用	其中：境外支付
		1	2	3	4	5	6
1	一、职工薪酬		*		*	*	*
2	二、劳务费					*	*
3	三、咨询顾问费					*	*
4	四、业务招待费		*		*	*	*
5	五、广告费和业务宣传费		*		*	*	*
6	六、佣金和手续费						
7	七、资产折旧摊销费		*		*	*	*
8	八、财产损耗、盘亏及毁损损失		*		*	*	*
9	九、办公费		*		*	*	*
10	十、董事会费		*		*	*	*
11	十一、租赁费					*	*
12	十二、诉讼费		*		*	*	*
13	十三、差旅费		*		*	*	*
14	十四、保险费		*		*	*	*
15	十五、运输、仓储费					*	*
16	十六、修理费					*	*
17	十七、包装费		*		*	*	*
18	十八、技术转让费					*	*
19	十九、研究费用					*	*
20	二十、各项税费		*		*	*	*
21	二十一、利息收支	*	*	*	*		
22	二十二、汇兑差额	*	*	*	*		
23	二十三、现金折扣	*	*	*	*		*
24	二十四、党组织工作经费	*	*		*	*	*
25	二十五、其他						
26	合计（1+2+3+…+25）						

A105000

纳税调整项目明细表

行次	项目	账载金额	税收金额	调增金额	调减金额
		1	2	3	4
1	一、收入类调整项目（2+3+…+8+10+11）	*	*		
2	（一）视同销售收入（填写 A105010）	*			*
3	（二）未按权责发生制原则确认的收入（填写 A105020）				
4	（三）投资收益（填写 A105030）				
5	（四）按权益法核算长期股权投资对初始投资成本调整确认收益	*	*	*	
6	（五）交易性金融资产初始投资调整	*	*		*
7	（六）公允价值变动净损益		*		
8	（七）不征税收入	*	*		
9	其中：专项用途财政性资金（填写 A105040）	*	*		
10	（八）销售折扣、折让和退回				
11	（九）其他				
12	二、扣除类调整项目（13+14+…+24+26+27+28+29+30）	*	*		
13	（一）视同销售成本（填写 A105010）	*		*	
14	（二）职工薪酬（填写 A105050）				
15	（三）业务招待费支出				*
16	（四）广告费和业务宣传费支出（填写 A105060）	*	*		
17	（五）捐赠支出（填写 A105070）				
18	（六）利息支出				
19	（七）罚金、罚款和被没收财物的损失		*		*
20	（八）税收滞纳金、加收利息		*		*
21	（九）赞助支出		*		*
22	（十）与未实现融资收益相关在当期确认的财务费用				

续表

行次	项目	账载金额	税收金额	调增金额	调减金额
		1	2	3	4
23	（十一）佣金和手续费支出				*
24	（十二）不征税收入用于支出所形成的费用	*	*		*
25	其中：专项用途财政性资金用于支出所形成的费用（填写 A105040）	*	*		*
26	（十三）跨期扣除项目				
27	（十四）与取得收入无关的支出		*		*
28	（十五）境外所得分摊的共同支出	*	*		*
29	（十六）党组织工作经费				
30	（十七）其他				
31	三、资产类调整项目（32＋33＋34＋35）	*	*		
32	（一）资产折旧、摊销（填写 A105080）				
33	（二）资产减值准备金		*		
34	（三）资产损失（填写 A105090）				
35	（四）其他				
36	四、特殊事项调整项目（37＋38＋…＋42）	*	*		
37	（一）企业重组及递延纳税事项（填写 A105100）				
38	（二）政策性搬迁（填写 A105110）	*	*		
39	（三）特殊行业准备金（填写 A105120）				
40	（四）房地产开发企业特定业务计算的纳税调整额（填写 A105010）	*			
41	（五）合伙企业法人合伙人应分得的应纳税所得额				
42	（六）其他	*	*		
43	五、特别纳税调整应税所得	*	*		
44	六、其他	*	*		
45	合计（1＋12＋31＋36＋43＋44）	*	*		

A105010 视同销售和房地产开发企业特定业务纳税调整明细表

行次	项目	税收金额	纳税调整金额
		1	2
1	一、视同销售（营业）收入（2+3+4+5+6+7+8+9+10）		
2	（一）非货币性资产交换视同销售收入		
3	（二）用于市场推广或销售视同销售收入		
4	（三）用于交际应酬视同销售收入		
5	（四）用于职工奖励或福利视同销售收入		
6	（五）用于股息分配视同销售收入		
7	（六）用于对外捐赠视同销售收入		
8	（七）用于对外投资项目视同销售收入		
9	（八）提供劳务视同销售收入		
10	（九）其他		
11	二、视同销售（营业）成本（12＋13＋14＋15＋16＋17＋18+19+20）		
12	（一）非货币性资产交换视同销售成本		
13	（二）用于市场推广或销售视同销售成本		
14	（三）用于交际应酬视同销售成本		
15	（四）用于职工奖励或福利视同销售成本		
16	（五）用于股息分配视同销售成本		
17	（六）用于对外捐赠视同销售成本		
18	（七）用于对外投资项目视同销售成本		
19	（八）提供劳务视同销售成本		
20	（九）其他		
21	三、房地产开发企业特定业务计算的纳税调整额（22－26）		
22	（一）房地产企业销售未完工开发产品特定业务计算的纳税调整额（24－25）		
23	1. 销售未完工产品的收入		*
24	2. 销售未完工产品预计毛利额		
25	3. 实际发生的税金及附加、土地增值税		
26	（二）房地产企业销售的未完工产品转完工产品特定业务计算的纳税调整额（28－29）		
27	1. 销售未完工产品转完工产品确认的销售收入		*
28	2. 转回的销售未完工产品预计毛利额		
29	3. 转回实际发生的税金及附加、土地增值税		

A105020 未按权责发生制确认收入纳税调整明细表

行次	项目	合同金额（交易金额）	账载金额		税收金额		纳税调整金额
			本年	累计	本年	累计	
		1	2	3	4	5	6(4—2)
1	一、跨期收取的租金、利息、特许权使用费收入（2+3+4）						
2	（一）租金						
3	（二）利息						
4	（三）特许权使用费						
5	二、分期确认收入（6+7+8）						
6	（一）分期收款方式销售货物收入						
7	（二）持续时间超过 12 个月的建造合同收入						
8	（三）其他分期确认收入						
9	三、政府补助递延收入（10+11+12）						
10	（一）与收益相关的政府补助						
11	（二）与资产相关的政府补助						
12	（三）其他						
13	四、其他未按权责发生制确认收入						
14	合计（1+5+9+13）						

A105030

投资收益纳税调整明细表

行次	项目	持有收益			处置收益							纳税调整金额
		账载金额	税收金额	纳税调整金额	会计确认的处置收入	税收计算的处置收入	处置投资的账面价值	处置投资的计税基础	会计确认的处置所得或损失	税收计算的处置所得	纳税调整金额	
		1	2	3（2－1）	4	5	6	7	8（4－6）	9（5－7）	10（9－8）	11（3＋10）
1	一、交易性金融资产											
2	二、可供出售金融资产											
3	三、持有至到期投资											
4	四、衍生工具											
5	五、交易性金融负债											
6	六、长期股权投资											
7	七、短期投资											
8	八、长期债券投资											
9	九、其他											
10	合计（1＋2＋3＋4＋5+6+7+8+9）											

A105050

职工薪酬支出及纳税调整明细表

行次	项目	账载金额	实际发生额	税收规定扣除率	以前年度累计结转扣除额	税收金额	纳税调整金额	累计结转以后年度扣除额
		1	2	3	4	5	6（1—5）	7（2+4—5）
1	一、工资薪金支出			*	*			*
2	其中：股权激励			*	*			*
3	二、职工福利费支出				*			*
4	三、职工教育经费支出			*				
5	其中：按税收规定比例扣除的职工教育经费							
6	按税收规定全额扣除的职工培训费用				*			*
7	四、工会经费支出				*			*
8	五、各类基本社会保障性缴款			*	*			*
9	六、住房公积金			*	*			*
10	七、补充养老保险				*			*
11	八、补充医疗保险				*			*
12	九、其他			*	*			*
13	合计（1+3+4+7+8+9+10+11+12）			*				

A105060 广告费和业务宣传费跨年度纳税调整明细表

行次	项目	金额
1	一、本年广告费和业务宣传费支出	
2	减：不允许扣除的广告费和业务宣传费支出	
3	二、本年符合条件的广告费和业务宣传费支出（1－2）	
4	三、本年计算广告费和业务宣传费扣除限额的销售（营业）收入	
5	乘：税收规定扣除率	
6	四、本企业计算的广告费和业务宣传费扣除限额（4×5）	
7	五、本年结转以后年度扣除额（3＞6，本行＝3－6；3≤6，本行＝0）	
8	加：以前年度累计结转扣除额	
9	减：本年扣除的以前年度结转额［3＞6，本行＝0；3≤6，本行＝8与（6－3）孰小值］	
10	六、按照分摊协议归集至其他关联方的广告费和业务宣传费（10≤3与6孰小值）	
11	按照分摊协议从其他关联方归集至本企业的广告费和业务宣传费	
12	七、本年广告费和业务宣传费支出纳税调整金额（3＞6，本行＝2＋3－6＋10－11；3≤6，本行＝2＋10－11－9）	
13	八、累计结转以后年度扣除额（7＋8－9）	

A105070

捐赠支出及纳税调整明细表

行次	项目	账载金额	以前年度结转可扣除的捐赠额	按税收规定计算的扣除限额	税收金额	纳税调增金额	纳税调减金额	可结转以后年度扣除的捐赠额
		1	2	3	4	5	6	7
1	一、非公益性捐赠		*	*	*		*	*
2	二、全额扣除的公益性捐赠		*	*		*	*	*
3	三、限额扣除的公益性捐赠（4＋5＋6＋7）							
4	前三年度（　　　年）	*		*	*	*		*
5	前二年度（　　　年）	*		*	*	*		
6	前一年度（　　　年）	*		*	*	*		
7	本　　年（　　　年）		*				*	
8	合计（1＋2＋3）							

A105080

资产折旧、摊销及纳税调整明细表

行次	项目		账载金额			税收金额					纳税调整金额
			资产原值	本年折旧、摊销额	累计折旧、摊销额	资产计税基础	税收折旧、摊销额	享受加速折旧政策的资产按税收一般规定计算的折旧、摊销额	加速折旧、摊销统计额	累计折旧、摊销额	
			1	2	3	4	5	6	7=5-6	8	9(2-5)
1	一、固定资产（2+3+4+5+6+7）							*	*		
2	所有固定资产	（一）房屋、建筑物						*	*		
3		（二）飞机、火车、轮船、机器、机械和其他生产设备						*	*		
4		（三）与生产经营活动有关的器具、工具、家具等						*	*		
5		（四）飞机、火车、轮船以外的运输工具						*	*		
6		（五）电子设备						*	*		
7		（六）其他						*	*		
8	其中：享受固定资产加速折旧及一次性扣除政策的资产加速折旧额大于一般折旧额的部分	（一）重要行业固定资产加速折旧（不含一次性扣除）									*
9		（二）其他行业研发设备加速折旧									*
10		（三）固定资产一次性扣除									*
11		（四）技术进步、更新换代固定资产									*
12		（五）常年强震动、高腐蚀固定资产									*
13		（六）外购软件折旧									*
14		（七）集成电路企业生产设备									*

续表

行次	项目	账载金额			税收金额					纳税调整金额
		资产原值	本年折旧、摊销额	累计折旧、摊销额	资产计税基础	税收折旧、摊销额	享受加速折旧政策的资产按税收一般规定计算的折旧、摊销额	加速折旧、摊销统计额	累计折旧、摊销额	
		1	2	3	4	5	6	7=5−6	8	9(2−5)
15	二、生产性生物资产（16+17）						*	*		
16	（一）林木类						*	*		
17	（二）畜类						*	*		
18	三、无形资产（19+20+21+22+23+24+25+27）						*	*		
19	（一）专利权						*	*		
20	（二）商标权						*	*		
21	（三）著作权						*	*		
22	（四）土地使用权						*	*		
23	（五）非专利技术						*	*		
24	（六）特许权使用费						*	*		
25	（七）软件						*	*		
26	其中：享受企业外购软件加速摊销政策									*
27	（八）其他						*	*		
28	四、长期待摊费用（29+30+31+32+33）						*	*		
29	（一）已足额提取折旧的固定资产的改建支出						*	*		

续表

行次	项目	账载金额			税收金额					纳税调整金额
		资产原值	本年折旧、摊销额	累计折旧、摊销额	资产计税基础	税收折旧、摊销额	享受加速折旧政策的资产按税收一般规定计算的折旧、摊销额	加速折旧、摊销统计额	累计折旧、摊销额	
		1	2	3	4	5	6	7=5-6	8	9(2-5)
30	（二）租入固定资产的改建支出						*	*		
31	（三）固定资产的大修理支出						*	*		
32	（四）开办费						*	*		
33	（五）其他						*	*		
34	五、油气勘探投资						*	*		
35	六、油气开发投资						*	*		
36	合计（1+15+18+28+34+35）									
附列资料	全民所有制企业公司制改制资产评估增值政策资产						*	*		

A106000

企业所得税弥补亏损明细表

行次	项目	年度	当年境内所得额	分立转出的亏损额	合并、分立转入的亏损额		弥补亏损企业类型	当年亏损额	当年待弥补的亏损额	用本年度所得额弥补的以前年度亏损额		当年可结转以后年度弥补的亏损额
					可弥补年限5年	可弥补年限10年				使用境内所得弥补	使用境外所得弥补	
		1	2	3	4	5	6	7	8	9	10	11
1	前十年度											
2	前九年度											
3	前八年度											
4	前七年度											
5	前六年度											
6	前五年度											
7	前四年度											
8	前三年度											
9	前二年度											
10	前一年度											
11	本年度											
12	可结转以后年度弥补的亏损额合计											

A107010 免税、减计收入及加计扣除优惠明细表

行次	项目	金额
1	一、免税收入（2+3+6+7+8+9+10+11+12+13+14+15+16）	
2	（一）国债利息收入免征企业所得税	
3	（二）符合条件的居民企业之间的股息、红利等权益性投资收益免征企业所得税（填写 A107011）	
4	其中：内地居民企业通过沪港通投资且连续持有 H 股满 12 个月取得的股息红利所得免征企业所得税（填写 A107011）	
5	内地居民企业通过深港通投资且连续持有 H 股满 12 个月取得的股息红利所得免征企业所得税（填写 A107011）	
6	（三）符合条件的非营利组织的收入免征企业所得税	
7	（四）符合条件的非营利组织（科技企业孵化器）的收入免征企业所得税	
8	（五）符合条件的非营利组织（国家大学科技园）的收入免征企业所得税	
9	（六）中国清洁发展机制基金取得的收入免征企业所得税	
10	（七）投资者从证券投资基金分配中取得的收入免征企业所得税	
11	（八）取得的地方政府债券利息收入免征企业所得税	
12	（九）中国保险保障基金有限责任公司取得的保险保障基金等收入免征企业所得税	
13	（十）中国奥委会取得北京冬奥组委支付的收入免征企业所得税	
14	（十一）中国残奥委会取得北京冬奥组委分期支付的收入免征企业所得税	
15	（十二）其他 1	
16	（十三）其他 2	
17	二、减计收入（18+19+23+24）	
18	（一）综合利用资源生产产品取得的收入在计算应纳税所得额时减计收入	
19	（二）金融、保险等机构取得的涉农利息、保费减计收入（20+21+22）	
20	1. 金融机构取得的涉农贷款利息收入在计算应纳税所得额时减计收入	
21	2. 保险机构取得的涉农保费收入在计算应纳税所得额时减计收入	
22	3. 小额贷款公司取得的农户小额贷款利息收入在计算应纳税所得额时减计收入	
23	（三）取得铁路债券利息收入减半征收企业所得税	
24	（四）其他	
25	三、加计扣除（26+27+28+29+30）	
26	（一）开发新技术、新产品、新工艺发生的研究开发费用加计扣除（填写 A107012）	
27	（二）科技型中小企业开发新技术、新产品、新工艺发生的研究开发费用加计扣除（填写 A107012）	
28	（三）企业为获得创新性、创意性、突破性的产品进行创意设计活动而发生的相关费用加计扣除	
29	（四）安置残疾人员所支付的工资加计扣除	
30	（五）其他	
31	合计（1+17+25）	

A107011 符合条件的居民企业之间的股息、红利等权益性投资收益优惠明细表

行次	被投资企业	被投资企业统一社会信用代码（纳税人识别号）	投资性质	投资成本	投资比例	被投资企业利润分配确认金额		被投资企业清算确认金额			撤回或减少投资确认金额						合计
						被投资企业做出利润分配或转股决定时间	依决定归属于本公司的股息、红利等权益性投资收益金额	分得的被投资企业清算剩余资产	被清算企业累计未分配利润和累计盈余公积应享有部分	应确认的股息所得	从被投资企业撤回或减少投资取得的资产	减少投资比例	收回初始投资成本	取得资产中超过收回初始投资成本部分	撤回或减少投资应享有被投资企业累计未分配利润和累计盈余公积	应确认的股息所得	
	1	2	3	4	5	6	7	8	9	10（8与9孰小）	11	12	13（4×12）	14（11－13）	15	16（14与15孰小）	17（7＋10＋16）
1																	
2																	
3																	
4																	
5																	
6																	
7																	
8	合计																
9	其中：股票投资——沪港通H股																
10	股票投资——深港通H股																

A107012　　研发费用加计扣除优惠明细表

行次	项目	金额（数量）
1	本年可享受研发费用加计扣除项目数量	
2	一、自主研发、合作研发、集中研发（3＋7＋16＋19＋23＋34）	
3	（一）人员人工费用（4＋5＋6）	
4	1. 直接从事研发活动人员工资薪金	
5	2. 直接从事研发活动人员五险一金	
6	3. 外聘研发人员的劳务费用	
7	（二）直接投入费用（8＋9＋10＋11＋12＋13＋14＋15）	
8	1. 研发活动直接消耗材料费用	
9	2. 研发活动直接消耗燃料费用	
10	3. 研发活动直接消耗动力费用	
11	4. 用于中间试验和产品试制的模具、工艺装备开发及制造费	
12	5. 用于不构成固定资产的样品、样机及一般测试手段购置费	
13	6. 用于试制产品的检验费	
14	7. 用于研发活动的仪器、设备的运行维护、调整、检验、维修等费用	
15	8. 通过经营租赁方式租入的用于研发活动的仪器、设备租赁费	
16	（三）折旧费用（17＋18）	
17	1. 用于研发活动的仪器的折旧费	
18	2. 用于研发活动的设备的折旧费	
19	（四）无形资产摊销（20＋21＋22）	
20	1. 用于研发活动的软件的摊销费用	
21	2. 用于研发活动的专利权的摊销费用	
22	3. 用于研发活动的非专利技术（包括许可证、专有技术、设计和计算方法等）的摊销费用	
23	（五）新产品设计费等（24＋25＋26＋27）	
24	1. 新产品设计费	
25	2. 新工艺规程制定费	
26	3. 新药研制的临床试验费	
27	4. 勘探开发技术的现场试验费	
28	（六）其他相关费用（29＋30＋31＋32＋33）	
29	1. 技术图书资料费、资料翻译费、专家咨询费、高新科技研发保险费	
30	2. 研发成果的检索、分析、评议、论证、鉴定、评审、评估、验收费用	
31	3. 知识产权的申请费、注册费、代理费	

续表

行次	项目	金额（数量）
32	4. 职工福利费、补充养老保险费、补充医疗保险费	
33	5. 差旅费、会议费	
34	（七）经限额调整后的其他相关费用	
35	二、委托研发（36＋37＋39）	
36	（一）委托境内机构或个人进行研发活动所发生的费用	
37	（二）委托境外机构进行研发活动发生的费用	
38	其中：允许加计扣除的委托境外机构进行研发活动发生的费用	
39	（三）委托境外个人进行研发活动发生的费用	
40	三、年度研发费用小计（2＋36×80%＋38）	
41	（一）本年费用化金额	
42	（二）本年资本化金额	
43	四、本年形成无形资产摊销额	
44	五、以前年度形成无形资产本年摊销额	
45	六、允许扣除的研发费用合计（41＋43＋44）	
46	减：特殊收入部分	
47	七、允许扣除的研发费用抵减特殊收入后的金额（45－46）	
48	减：当年销售研发活动直接形成产品（包括组成部分）对应的材料部分	
49	减：以前年度销售研发活动直接形成产品（包括组成部分）对应材料部分结转金额	
50	八、加计扣除比例（%）	
51	九、本年研发费用加计扣除总额（47－48－49）×50	
52	十、销售研发活动直接形成产品（包括组成部分）对应材料部分结转以后年度扣减金额（当47－48－49≥0，本行＝0；当47－48－49＜0，本行＝47－48－49的绝对值）	

A108000

境外所得税收抵免明细表

行次	国家（地区）	境外税前所得	境外所得纳税调整后所得	弥补境外以前年度亏损	境外应纳税所得额	抵减境内亏损	抵减境内亏损后的境外应纳税所得额	税率	境外所得应纳税额	境外所得可抵免税额	境外所得抵免限额	本年可抵免境外所得税额	未超过境外所得税抵免限额的余额	本年可抵免以前年度未抵免境外所得税额	按简易办法计算				境外所得抵免所得税额合计
															按低于12.5%的实际税率计算的抵免额	按12.5%计算的抵免额	按25%计算的抵免额	小计	
	1	2	3	4	5（3－4）	6	7（5－6）	8	9（7×8）	10	11	12	13（11－12）	14	15	16	17	18（15＋16＋17）	19（12＋14＋18）
1																			
2																			
3																			
4																			
5																			
6																			
7																			
8																			
9																			
10	合计																		

A108010

境外所得纳税调整后所得明细表

行次	国家（地区）	境外税后所得								境外所得可抵免的所得税额				境外税前所得	境外分支机构收入与支出纳税调整额	境外分支机构调整分摊扣除的有关成本费用	境外所得对应调整的相关成本费用支出	境外所得纳税调整后所得
		分支机构营业利润所得	股息、红利等权益性投资所得	利息所得	租金所得	特许权使用费所得	财产转让所得	其他所得	小计	直接缴纳的所得税额	间接负担的所得税额	享受税收饶让抵免税额	小计					
	1	2	3	4	5	6	7	8	9（2+…+8）	10	11	12	13（10+11+12）	14（9+10+11）	15	16	17	18(14+15−16−17)
1																		
2																		
3																		
4																		
5																		
6																		
7																		
8																		
9																		
10	合计																	

A108030

跨年度结转抵免境外所得税明细表

行次	国家（地区）	前五年境外所得已缴所得税未抵免余额						本年实际抵免以前年度未抵免的境外已缴所得税额						结转以后年度抵免的境外所得已缴所得税额					
		前五年	前四年	前三年	前二年	前一年	小计	前五年	前四年	前三年	前二年	前一年	小计	前四年	前三年	前二年	前一年	本年	小计
	1	2	3	4	5	6	7（2+…+6）	8	9	10	11	12	13（8+…+12）	14（3−9）	15（4−10）	16（5−11）	17（6−12）	18	19（14+…+18）
1																			
2																			
3																			
4																			
5																			
6																			
7																			
8																			
9																			
10	合计																		

年终汇算清缴企业所得税的分析计算过程

参考文献

［1］中国注册会计师协会．税法［M］．北京：中国财政经济出版社，2019．

［2］全国税务师职业资格考试教材编写组．税法（Ⅰ）［M］．北京：中国税务出版社，2019．

［3］全国税务师职业资格考试教材编写组．税法（Ⅱ）［M］．北京：中国税务出版社，2019．

［4］裴淑红，李军，杨金玉．纳税申报实务［M］．北京：中国市场出版社，2013．

［5］裴淑红，原晓青，李军．税法［M］．北京：中国市场出版社，2013．

［6］裴淑红，原晓青，李军．税法（第二版）［M］．北京：化学工业出版社，2011．

［7］裴淑红，李军．纳税申报实务［M］．北京：化学工业出版社，2010．

［8］裴淑红，李军．税法［M］．北京：化学工业出版社，2009．

［9］裴淑红．纳税申报实务操作［M］．北京：中国市场出版社，2006．

［10］裴淑红．新编税法教程［M］．北京：中国税务出版社，2003．

参考文献

[illegible]